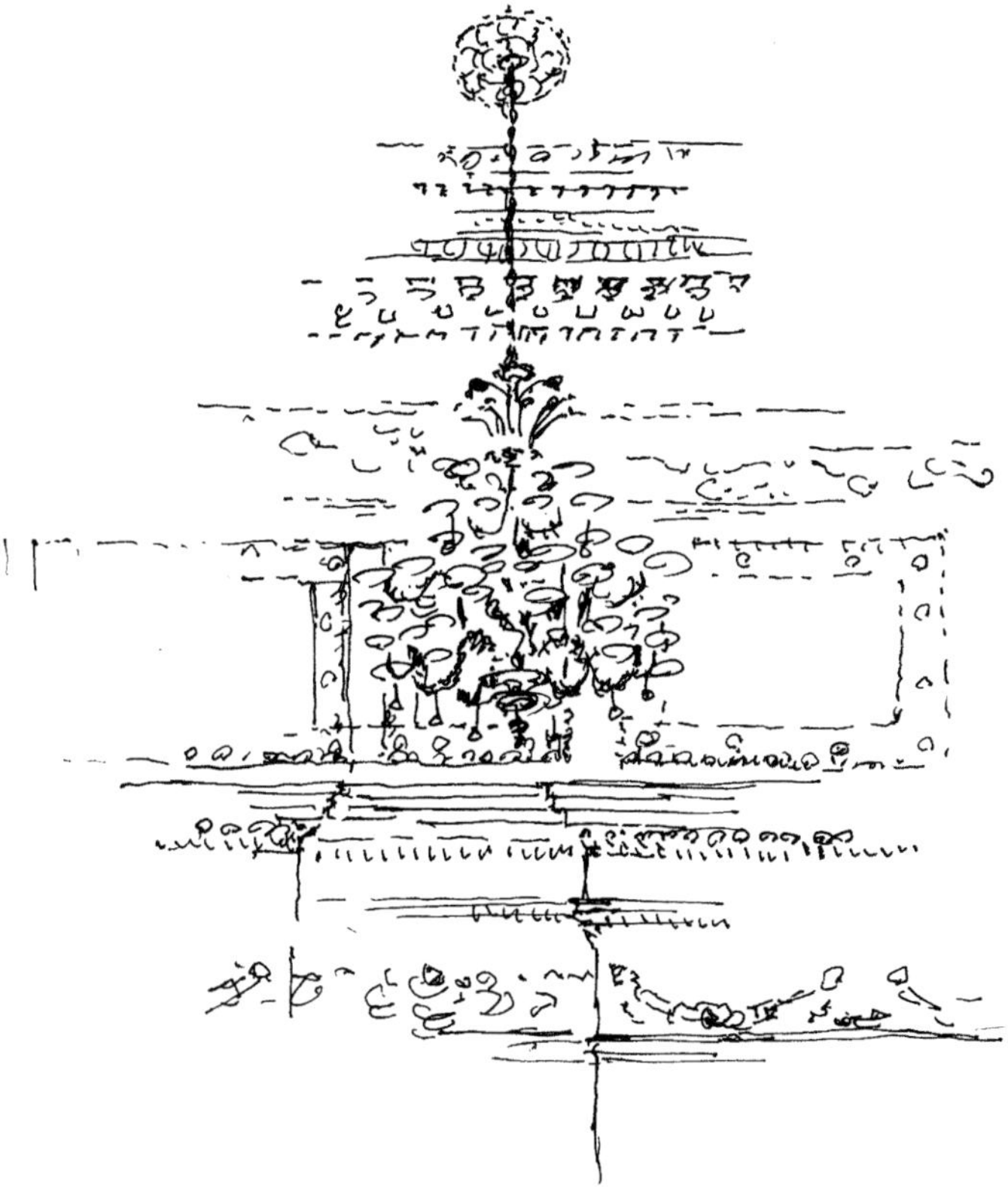

# 場のちから

内藤廣

*Naitō Hiroshi*

王国社

# 場のちから＊目　次

建築という価値の行方 7

1章 建築を場所につなぐ

風景の消滅と再生 15

都市はだれのものか 25

都市の魅力 対談 石元泰博 31

踏石とアキカン 48

言葉なき対話のかけらを探して 54

2章 デザインをヒトにつなぐ

デザインに何が可能か 63

まだ見ぬ二一世紀デザインを待ちながら 83

鉄道の時間・街の時間・設計の時間 90

川のある駅　99
「待つ」という意識　109
建築的力の行使について　118
建築に感情を取り戻すために　123
二一世紀へ建築家が紡ぐべき「新たな物語り」　128
奮い立たせる砦となれ　138

3章　時代を思考につなぐ
善良な負け組のススメ　145
思考なき思考　吉阪隆正　158
建築・言語なき思想としての表現　163
性悪説の街づくり　169
病院建築について思うこと　173

「あるべき場所」を作ってきたか　177
不均質なものの詩学　179
終わりのない都市の物語　183
時代と間合い　187
おおいなる矛盾を生ききった人　189
温かな諦念の人　193
戦後半世紀を体現した建築家　196
立ち向かえ、勇気を持て、必死に考えろ　199
エピローグ「ＨＯＭＥを探して」　205
あとがき　233

# 建築という価値の行方

街角の路地で犬が寒空に輝く満月を眺めている。いったい何を考えているのだろう。見ているように見えて、実は何も見ていないのかもしれない。どこかから漂ってくる臭いをかいでいる、腹が減った、さっきすれ違った雌犬が気になる、そんなことを考えているだけかもしれない。それでも、この犬は月にこころ奪われているようにしか見えない。ひょっとしたら彼が体全部で感じているのは、生きるということ、その喜びと悲哀、そうしたことすべてかもしれない。こころ奪われているのだから、そこに自分はいない。そこには感覚だけが取り残されている。思考を研ぎ澄ますだけでは時代の風は見えてこない。何かに「こころ奪われる」とき、それは向こうから訪れてくる。

そういえばここ数年そんなことがいくつかあった。三陸の野田村で復興の相談をした帰り、レンタカーの運転にいささか疲れたので小休止しようと車を道路脇に止めた。九戸を過ぎたあたりの山中だった。あたりはまったく街の明かりがない。車のライトを消すと漆黒の闇に包まれた。見上げれば久しく見たことのない満天の星空。呆然と眺める。被災のこと、復興のこと、それらにまつわるこだわりや上手くいかないことなどが頭の中で蒸発していく。我々はこうやって生きてきたんだよなー、という村長の言葉が頭をよぎる。こうやって、とは津波に洗われながら海と共に、ということだろう。理屈ではなく、なんとなく合点がいく。

我々はどんな時代を生きているのだろう。いろいろなことに巻き込まれているからそんなことを思うのかもしれない。九・一一後の世界、リーマンショック、超高齢化社会、情報革命、デフレ不況、三・一一後の社会、進まぬ被災地の復興、先の見えない原発、アベノミクス、再現しつつあるバブル経済、東京オリンピック招致、そして新国立競技場、安保法制。こう目まぐるしくいろいろなことが起きてくると、時として自分の立ち位置がわからなくなる。どの要素をとりあげても、それがそれぞれ他のすべてとつながりあっているような気もする。そんなことを考えながら文章を機織りのように紡いでいる。

どちらかというと、巻き込まれやすく、それでいて逃げ遅れるタイプの人生を歩んできた。小学校三年の時の通信簿に、友達の悪だくみに最後に参加して、逃げ遅れて立たされる、と書かれている。ボーっとしているタイプの子供だった。小学校の先生は凄い。当時からわたしの未来を予見していたことになる。巻き込まれ、逃げ遅れ、あげくに立たされ、というなにかと割を食うことが多い人生だが、それはそれで悪いことばかりではない。遅れて巻き込まれると、周囲の人が何を考えどのような思惑で動くものなのかがわかってくる。ボーッとしていると、その背後にどのような無意識が働いているかもぼんやりと見えてくる。

建築家に限らず多くの人たちの関心事として新国立競技場の問題が世間を騒がせた。津波災害と原発以来、これほど毎日のように新聞やテレビで取り上げられた話題もないだろう。審査委員のひとりとして、あまり芳しい推移とならなかったことに責任を感じるとともに忸怩たる思いがある。白紙撤回になり、ようやくお役ご免となって肩の荷を降ろしたところだが、ここに至るまで力を充分に発揮し得なかったことには道義的責任を負っている。だから完全に解放されたわけではない。それでも、気分はずいぶんと違う。夏が過ぎて秋空が広がるような感じだ。つくづく苦手な役を演じていたのだと思う。

本意でないこともしなければならなかったし、言わなくてもよいことを言わねばならないこともあった。他人の思惑に引きずり回されることばかりだった。もう六〇の半ばを越えたのだから自由に生きたい。残りの時間は少ない。言いたいことを言い、やりたいことをやってこの世とおさらばしたい、というのが本音だ。

この間の推移で、自分自身に誇りに思っていることがある。苦しい中でも、置かれた立場でやれることをやる、裏切らない、筋を通す、前言を翻さない、これらに関してはやり通せたのではないかと思っている。結果は芳しいものではなかったが達成感がある。今は、後を引き受けた人たちにエールを送りたい。

建築という価値が大きく毀損されたことがつらい。負け惜しみではない。これに関しては結果がどうであれ同じだったかもしれない。戦後、先人たちが艱難辛苦の末に築き上げた建築という価値が大きく揺らいだことに変わりはない。失ったものはあまりにも大きい。

魔女裁判のようにザハという役者を新国立競技場という広場に引きずり出し、晒し者にした。まさにザハは適役だったに違いない。それでも苦しい状況のなかで、彼女と彼女の事務所は建築家としての筋を通した。縮小案に取り組み、減額案に取り組み、わたしの知る限り臨機応変に出来ることは何でもやっていた。問題があったとすれば、それに耳を傾けなかった我々の側の体制だ。社会的な批判が高まり狭まる選択肢の中、これを乗り越える唯一の解決方法は、建築として説得力のある素晴らしい結果を得ることだけだと思っていたが、残念ながらそうはならなかった。

おそらく今後二〇年くらいは、ナショナルプロジェクトレベルの建築がコンペになることはないだろう。発注する側は、コンペにするとゴタゴタするからもうたくさんだ、と思うに違いない。おそらく当分は建築を通して何かしようなどとは考えないはずだ。安全、安心、コストダウン、メンテナンス、情報化、コンプライアンス、こんなことが標語になるだろう。そう考えれば、しばらくは発注側にとってはリスクの少ないデザインビルトが優勢になるのもやむを得まい。いずれにしても、建築家が命を賭けて臨むような場は、そう簡単には現れてこないはずだ。

建築というのがその時代の意志を表現する場であるとするなら、旧来の意味での建築家はそこから除外される流れにある。とても残念なことだが、当分の間は、建築が「何らかの意思を表明するもの」として時代から召還されることはないだろう。それにはしばらく時間が掛かるはずだ。建物はどんどん建っていくだろうが、本質的な意味では「建築の冬の時代」が到来する。

しかし、これ自体も、我が国の置かれたこの時代の精神的な基層そのものだと考えれば、皮肉なことに「建築は時代の表現たり得ている」のである。まことによく我が国の現在の精神風土を映しとっている。後の時代から見て、あの時代の建物はなにか間が抜けていて精神性に欠ける、と見られても仕方がない。そういう時代だったのだ、ということになる可能性は高い。

わたし自身はこの推移にはいたって楽観的だ。そうやって時代は巡っていく。いずれやってくるはずの危機が前倒しになっただけのことではないか。こういう時は若い世代が活躍する。いや、活躍せねばならない。わたしを含めた旧い世代の旧弊な価値観が行き詰まって醜態を晒したのだから、これを越えていくのは次の世代の役割だろう。ひとつの時代が幕を下ろそうとしている。若い世代の健闘を切に祈りたい。

この本に納められた文章の多くは、新国立競技場に関わる前のものだ。素直に読めば、語られている内容はザハ案をサポートしたこの間のわたしの社会的なパーフォーマンスと幾つかの点で齟齬をきたしている。だから少し説明をしておく必要がある。

わたしが建築を論ずる内容、また建築に向き合う態度からすれば、ザハのつくり方はかなり遠いところにある。だから矛盾しているように見えるのは当然のことだ。しかし、わたしは一定の状況に巻き込まれ、社会的な立場を与えられた。この立場でどのようにせねばならないかは、わたしがどのような建物が好きでどのように建築を考えているか、などということとは関係がない。審査に関わった以上、好むと好まざるとにかかわらずより良い結果を得ることに対して力を尽くす責務がある。

この本に納められた文章群は、その時々のわたしの信条であり、心のなかに生起する心象を言葉にしたものだ。だから、わたしの社会的なパーフォーマンスとは多少のズレがある。震災復興の在り方に対する批判的な気持ち、原発に対する否定的な気持ち、問題化しつつあった新国立競技場に対する複雑な思い、出来ることなら言葉や論理の裏側にそうしたものを読み取っていただけたら幸いである。

「建築の冬の時代」が到来しつつある。時代に流される弱い者、抗うことに耐えられない意気地のない者は、これまで以上に建築という領域からの退場を余儀なくされるだろう。それに備えるためには、もう一度建築の依って立つところに手掛かりを求め、自らを鍛えるしかない。その鍛錬の先に次の時代があると信じたい。

建築の依って立つところ、それは大地だ。大地とその場所に生きる人間だ。そこに立ち戻って再構築に取り掛からねばならない。「場のちから」という標題には、その願いが込められている。多くのものを失い、多くのことが変わった。今一度、どこかで満天の星空に「こころ奪われ」ながら、足下から沸き上がってくる「場のちから」を全身で受け止めるような体験をしたいと思っている。そこから何かが始まるだろう。

# 1章　建築を場所につなぐ

津波で流された一面の平坦な荒れ地を抜けるように、まず道路が敷かれ、そしてそのすぐに脇に間を置かずにコンビニが出来た。何もないなかに一軒だけ煌煌と明かりを灯してポツンと建っている。東京で見かけるのと寸分違わぬ外観、中に入っても品揃えはまったく同じだ。コンビニは今日も復興に関わる現場の人たちで大賑わいだ。何もないのだから日常生活は不便極まりない。そこに便利極まりないものが出来たのだ。暮らしに最低限必要なものはここに来れば用が足りる、というありふれた安心感。それでいいのか、という気持ちと、これでいいのだ、という気持ちが交錯する。

アイコンとしてコンビニの建物はまことにハッキリとしたメッセージを持っている。大仰なサインを除けば、コンビニは仮設住居や現場小屋によく似ている。すべてが否定された場所に、建築が最初に現れるとしたら、このような姿かもしれない。その場所の心理的な事情や物理的な事情を引き受ける、などという気持ちはまるでない。引き受けようとすれば、とてつもなく重い。だから、まずは軽々と仮設のように、あるいは屋台のように、あるいは月面着陸の宇宙船のように、怒れる大地にそっと触れるように軟着陸する。それが正解かもしれない。百年の計はゆっくり考えればいい。まずは今日のことだ。コンビニの建物はそう言っているように見えた。

これこそがモダニズムの本当の姿なのかもしれない。どこでも同じというポリシー。便利で、どこにでも置け、そして臆病な姿形をしている。もちろんコンビニはその性質上、その場所に根を張らない。それがコンビニのコンビニたる由縁だ。

建築は土地と切り離されて宙に浮いた。しがらみの多い地面からの離脱が二〇世紀近代の夢だったのだから、モダニズムはその目的をまことに忠実に達成したと言える。そしてコンビニは、その忠実な使徒である。もはや場所と建築は関係がない。そうやって建築は漂う。そして根無し草になった。

これをひっ繰り返す手立てはないものか。場所と建築の新しい関係性を構築する新たな術はないものか。コンビニで買った烏龍茶のペットボトルを飲みながら、そんなことばかり考えている。

# 風景の消滅と再生

## 青森の風景について　二〇一〇

津軽や下北に特に詳しいわけではない。数度訪れた程度だから、わたしの言うことは的外れなことも多いに違いない。津軽や下北の風景とは何かを問うこと、その上でその風景を支えている場所の力を蘇生させる方途はないのか、そのことについて語るのがこの稿で求められたことだ。これはいささか荷が重い。何故なら、わたしの力量不足はともかくとして、なにより処方箋を書くには時が進み過ぎているように思っているからだ。

事態はどん詰まりに来ている。見当違いのことかもしれないが、思っていることを述べたい。都会の人間が気楽にモノを言う、と思われるだろうが、それを恐れていては何も語れない。わたしの考えを聞いていただきたい。

### 野に出よ、風景を捨てよ

もし、場所の力を蘇生させたいのであれば、風景に対するこだわりなど捨ててはどうか。建築に対するこだわりなど捨ててはどうか。まず、言いたいのはこのことだ。それらの背後にある故郷への思いは、郷愁という幻想だと知ることだ。郷愁が人を動かす場合もある。郷愁のみが語り得る人の価値や尊厳もある。しかし、場所にそれを求めるのは今となっては筋違いだ。

もともと風景は美しさなどとは結びついていない。人はその場所で生きようとし、生きるために土地を開墾し、田を作り里山をつくった。ギリギリの条件の中で、生存こそが唯一の糧であったはずだ。少しでも災害を軽減し生命を守ること、少しでも収穫を多くして楽になること、それだけを考えて日々の営みを形成してきただろう。つまり「生存のための最適の様態」が風景を形づくったのだ。農村であれ漁村であれ、最適解であるから選択肢の幅はほとんど無い。きわめて限られた方法で農村がつくられ、田が形成され、山野の風景が形成されたはずだ。整えようとして整ったのではない。そうならざるを得なかったのだ。それを整っているからといって、都会の人間が美しいというのはお門違いだろう。

見られることばかりを気にした生真面目な風景論を聞いていると、プレハブだっていいじゃないか、と言いたくなる。ナルシスティックな美しさは、どこか歪んでいる。風景の美しさは着飾ることではないはずだ。内側から現れるものでなければばならない。内側とは「生きること」、ハッキリとは言えないがそんな類いのものであるはずだ。新宿の歌舞伎町だって秋葉原だって、あれはその場所で「生きること」と深くつながっている。あれはあれで「生存のための最適の様態」なのだ。「大きな意味での生命」の理に適っている。田畑も里山も棚田も、その時代の「生存のための最適の様態」であり、「大きな意味での生命」の理に適った姿であったはずだ。

## 建物を消去したら

何年か前に数日津軽を旅した。太宰の風景、寺山修司の風景を見たいと思った。美しい田園風景だった。青々とした稲田、その背後に広がる里山。日本海も岩木山も素晴らしかった。ただし、という条件が付く。建物さえそこになければ……。

この上なく美しい畑の向こうに、里山を背に赤や青のトタン屋根が散在する。藁葺き屋根の上にカラートタン葺をするのは標準的なパターンだ。当然だろう。トタン屋根ならメンテナンスもいらない。藁葺きを葺き替えるのは費用も掛かる。トタン屋根は合理的なのだ。

津軽に限らない。みなさんが地方を訪れたとき、目の前に見ている風景から建物を消去してみるといい。いかに素晴らしい風景が広がることか。基本的に我が国の国土は、先人達の努力で素晴らしいものに仕上がっている。それをこの半世紀に建てられた建物が台無しにしている。誰もが感じていることを、津軽の風景を見てわたしも同じように感じ、同じように落胆した。

雪景色が好きだ。美しいと思う。しかし、その中に暮らしたいとは思わない。あれを美しいと思うのは、旅人の勝手な妄想に過ぎない。特に、この地域の冬の寒さは、想像を絶するくらい厳しいだろう。しかし、ここでも雪景色はこの上なくきれいなはずだ。白く染め上がったモノトーンは、赤や青のトタン屋根を隠してくれるからだ。そして、赤や青にしようとした持ち主の気持ちも覆い尽くしてしまうほど圧倒的だろう。

赤や青のトタン屋根を葺きたくなる気持ちもわかる。藁葺きはとてつもなく手間が掛かる。それしか方法がない時代ならともかく、今は便利で安価な素材が手に入る。隣の人が赤い屋根ならオレのところは青にしたいと思うのも当然のことだ。村という古い時代の共同体があり、それは生存のために必要だったが、もはやそれに縛られることもない。そうであれば、自由の証として、自分の意志を表明する手段として、赤や青のトタンを選んだとしても何の不思議もない。わたしでもそうするかもしれない。黒い色では暗すぎる。グレーならば緑豊かな自然の中で引き立たな

（提供：アーハウス編集部）

い。なにか元気が出る色がいい、少しでも自分がここに居ることを主張したい。そうなると赤や青ということになる。

たとえ旅行者からどう見られようと、先人から引き継いだ美しい風景がどうなろうと、先行きの見えない日々の生活の中で、わずかでも光明を見出そうとすれば、生きている証として鮮やかな色を求めるのも自然なことだ。

些末なことを述べているようだが、見方を変えれば、赤や青のトタン屋根は、全てのことを象徴しているように見える。そこには「便利な現代」がすでに訪れており、同時に昔ならそれをコントロールするはずの「共同体が崩壊」している、そのことの端的でわかりやすい現象と言える。同時にそれは、場所の持っている内在的な力、人を生かしめる内発的な力が衰退していることをも象徴している。

それでもあえて言わねばならない。たしかに、赤や青の印象はわたしを落胆させ、そして同じように旅行者たちも打ちのめすだろう。しかし、そんなものは、失われつつある過去への身勝手なノスタルジーに過ぎない、と。

失われた時間は戻らない。我々のような都会の人間、故郷を捨てた放浪者の嘆きに惑わされることはない。何とかなる時期はもう過ぎた。幻想に逃げ込まず、それを直視し、認めるべきだと思う。辻褄合わせでありもしない現実を捏造するより、現実を直視し、行動すべきである。そのほうが「大きな意味での生命」の理に適っているのではないか。

# ＢＯＲＯの向こう

最近、どこへ行ってもＢＯＲＯの話ばかりしている。

ある時、何気なく見ていたテレビの画面に釘付けになった。とてつもなく美しい継《つ》ぎ接《は》ぎの布切れが大映しになっていた。わたしの好きなスペインの画家タピエスの絵が脳裏をよぎった。田中忠三郎さんがコツコツ集めた貧しい青森の農家の部屋着だった。最近では海外の注目も集めつつあり、ＢＯＲＯというのだそうだ。

寒い青森の冬を乗り切るために考え出された、麻布の端切れを重ね合わせた分厚い褞袍《どてら》。寒い夜は親子がその中に裸になって肌を寄せ合い、温め合って寝るのだという。田中さんは、世間では衣食住というが、厳冬を越さねばならない青森では、衣は他のものより重要で、それなしには一日とて生命を保てないという。

さっそく、本を取り寄せた。書き綴られた半生記、田中さんの飾らない言葉に強く打たれた。こういう人がＢＯＲＯの価値を見出したのかと得心がいった。それだけでは物足りず、実物が展示されているというので見に出かけた。実物のＢＯＲＯは想像以上のものだった。分厚く、重く、幾重にも重ねられた布の色が美しい。特に褪せた藍の色は目に染み入るようだ。そしてなにより、擦り切れた布の断片ひとつひとつが、この部屋着が過ごしてきた数百年という時間を感じさせる。この布の中に、様々な物語と濃密な記憶が織り込まれているに違いない。その布地の向こうに、すでに失われた青森の山野の風景が広がっているのを感じた。

何故それほど惹き付けられたのか、その時はわからなかった。ただ、わたしがおぼろげながらに、建築や都市や風景に求めていたものの全てが、そこに確かに在るような気がした。それはどういうものか、と聞かれれば答えに窮してしまう。言葉で語ろうとしても語り切れない。建築の中に込めようとしても、もうひとつ鮮明にならない。自分は、語り得ないものを語ろうとし、現し得ないものを現そうとしているのではないか、と思いもした。それがＢＯＲＯの中には明解な姿で在ったのだ。語り得ないものの全て、わたしがいまだに現し得なかったものの全てがＢＯＲＯの中に在った。

まだ上手く説明出来ないでいるのだが、しいて言えば「大きな意味での生命」のようなもののことである。この繿袍は、命をつなぐ繿袍である。布を重ね合わせ、命を重ね合わせている。もともと建築とはそういう役割を持っていたのではないか、都市こそはそういう場所ではなかったか、風景とはそういうものだったのではないか。

命は儚いものだ。個人の命は限られている。それを越えたもの。個人の命を越えたものによって「生かされている」という感覚。それは生存を保証する共同体が生み出したものだったろう。あるいは、その共同体が存在するために作り出した山野であったかもしれない。そして、その山野も自然によって「生かされている」という感覚。それぞれがそれぞれの培養器のようなものだ。自然が山野を生かし、里山や田畑を生かし、里山や田畑が共同体を生かし、共同体が家族を生かし、家族が個人を生かす。そういう幾つもの入れ子状の培養器の最小単位が家であり、その最小単位のさらに内側の最後の砦として衣服としてのＢＯＲＯが在ったはずだ。だから、ＢＯＲＯをまじまじと見ていると、その向こうにそれを生み出した風景が広がるのだ。

## 生存のための風景へ

西欧で始まった近代文明は、個人を世界の中心に据えることで発展してきた。個人を中心に据えることによって、そこから外界を客観化し、数量化し、その糧を科学や技術や経済へと結びつけてきた。極端な言い方をすれば、あらゆることが個人に帰されるわけだから、命の意味も在り方も個人の中で完結せざるを得ないことになる。それでも神という存在を人々が信じることが出来た時代は、バラバラに引き裂かれた個人を掬い取る受け皿が在った。それが人の精神のセーフティーネットになっていた。しかし、このセーフティーネットも役に立たなくなりつつある。

個人を越えて命をつなぐ、という考え方は過去のものになりつつある。建築も都市もそして田園の風景も、神を失うことによって個人の命を越える最終的な術を失ったと言ってもよい。経済に奔走し、近代的な便利さを受け入れるに従って、それらは命をつなぐことの現れではなくなってしまったのだ。みんな自分のことを中心に考える、それは今では当たり前のことだ。現世利益の世の中だ。生きているうちに自分の生み出した価値を蕩尽しようとする。

わたしだって、出来るだけ便利な方がいい、お金はあった方がいい、と考える。その方が、人生の選択肢が増える、と考える。より自由になれる、と考える。そこには、つなぐということを優先させる考え方は薄い。

BOROも使命を終えて消えていった。麻布だけしかなかった時代は過ぎ、より保温性の高い綿が使えるようになり、農業という生業の在り方が変わり、その結果として共同体の力が弱まり、ラジオやテレビや電話が都会の情報を伝え、若者が去り、人が減り、最終的には培養器全体が変質した。山野や田畑、そして村が変質した時点で、すでに風景の意味は変わってしまったのだ。

ＢＯＲＯが消えていったのも運命なのである。

ＢＯＲＯが必需品だった時代、生命をつなぐことにしか希望を見い出せなかった時代、その時代が幸福であったというのは幻想だろう。同じように、風景がそれしか選択肢がなかった時代、それが素晴らしいものである、というのも幻想である。なんと言われようが、我々はその時代よりも豊かになったのである。

人間の欲望は果てしない。手に入れたものはそのままに、失ったものを取り戻そうとしている。それは不可能だ。それを取り戻そうとしてはいけない。たしかに、失ったものの重さと大きさを知ることは大切だ。それは未来への糧となるからだ。

しかし、継ぎ接ぎして何とかなる時期はもう過ぎたのではないか。人口予測では、これから津波のような高齢化の時代がやってくる。それに備えなくてはならない。過去の幻想を追い求める時期は過ぎ、次なる試練に立ち向かう時が近づいている。学ぶべきは、ＢＯＲＯの中にいまだに息づいている精神、生き抜く強さ、有限な生命に対する諦念、そうしたものだろう。

ＢＯＲＯの代わりになるものは何か。過去の精神からは、どのような状況であれ希望を捨てなかった先人の勇気をもらおう。時代の流れは厳しい冬の到来を告げている。新たなる「生存のための最適解」、すなわち「生存のための風景」を探しに旅に出る時が来ている。

# 都市はだれのものか　二〇〇九

大方予想はついていたことだが、やっぱり、という感じで世界経済の趨勢が変わった。サブプライムローンの破綻、ドバイのバブル崩壊、この先は上海だろう。そして人ごとではない、我が国の都市部のミニバブルの雲行きもあやしい。八〇年代のバブル経済を体験した者の一人としては、人間というのは性懲りもなく同じことを繰り返す、というお決まりの警句が虚しく浮かんでくるだけだ。いかに高度情報化社会とか超資本主義社会と言っても、もともと不動産の証券化などというものが、わたしたちの都市を荒し回っている姿は気持ちの良いものではない。

## 動くものと動かないもの

本来の意味での不動産とは、動かないもののことをいうのであり、社会資本としてストックされていくべきものであるはずだ。それこそが環境や風景という言葉にふさわしい。不動産とは、その本質がフローになりきらないもの、言い換えれば、情報化しきれないもの、貨幣価値に置き換わりきらないもの、つまり、計算や取引では扱いきれないもののことをいうのではなかったか。土地のプロファイルを作り、プロジェクトファイナンスを組み上げ、資金運用のレートを決め、それをマーケットに流して投資家を募る。不動産の証券化とは聞こえがいいが、不動産の流動資産化といった方がわかりやすい。個体が液体に変位して、融けて流れ出すのだ。それにしても、キャップレートやバルクセールというカタカナ言葉が、動かぬ土地の上を狂ったように飛び交う姿は異常な光景だ。それでは所詮、ビジネスという仮面を被ってハイスピードのキャッシュフローのプロセスで、顧客の正常心を奪いながら金をかすめ取る差金業ではないか。本来の意味での不動産業とは、もっと誇りの高いものであったはずだ。

資本主義社会や貨幣経済そのものの本質が、モノに被せられた付加価値の流通である以上、それ自体がバブル的な質を含んでいることは誰でも知っている。その仕組みに乗って、みんな豊かになった。おまえだってその一人だろう、だから文句は言えまい。全員が共犯者だ。それがこのシステムを享受する社会の隠された了解事項になっている。知識人、建築家、都市計画家、土木の専門家達、この間、心ある人は声を上げていたはずだが、こういう時期は世の中はなかなか言い分を聞いてくれない。大勢は流れに乗り遅れまいと必死だからだ。しかし、何事も度を過ぎれば害悪だ。この事態を放置した責任は重い。

## モノとカネ

経済原理が最優先される商取引では、モノが金銭に換わる瞬間に最大効果を引き出そうとする。一〇年後に価値が出ます、二〇年後には資産価値が上がります、一〇〇年後の価値を考えましょう、などという主張は論外だ。プロジェクトファイナンスの修羅場では、ファイナンスが始まってから五年以内に売り抜けられるかどうかに最大の関心が払われる。プロジェクトを瞬時に立ち上げ、建物を早く建ち上げ、商品化しなければならない。厚化粧をし、価値を目一杯膨らませ、買い手に売りつける。買い手も内容には関心を払わない。関心があるのは、転売出来るかどうかだ。これでは単なるゲームではないか。

ゲームには終わりがある。誰かがババヌキのババを掴む。この過程でババを掴むのは、その場所に住む人たちだ。金を掴んで逃げられる人はよい。逃げられない人たちに残されるのは、キャッシュフローの流れから取り残された建物や都市でしかない。それも転用や活用が出来るストックならまだしも、時間の経過のなかで急速に価値を減じていくモノである場合は悲惨だ。夢から覚めてみれば、目の前に広がっている風景に愕然とする、こんなことの繰り返しだ。これでは未来の住人は救われない。

## 帳尻の合わせ方

ここ一〇年、狂ったように建ち上がった高層ビル群は、この先厳しい選別を受けるはずだ。質の悪いもの、地域に根付かないものは、価値の下落とともに、逃げ出せない人たちの住処として、近未来において空き家になっていくかスラム化していくだろう。都市部の巨大な負の遺産だ。

こうした中で犠牲にされるのは、本当の意味での不動産としての価値、すなわちストックとしての社会資本だ。上手くやればビジネスは成功するだろう。しかし、いかなる施設も社会的なインフラの上に成り立っていることを忘れている。その土地が価値を持つためには、それが道路や下水道などのインフラの上に成り立っていることを忘れてはならない。成功したからといっても、それはその土地の上だけの帳尻が合ったということに過ぎない。いかなる土地も社会から孤立していないのだから、その最終的な帳尻は社会構造全体の中で評価されるべきだ。

## 階高というタブー

住居形であれオフィスであれ、こうしたプロジェクトが犠牲にしてきたものに目を向けることから始めたらどうだろう。提案したいのは、不動産会社がもっとも嫌う「階高を高くすること」だ。建設コストを減らすのに一番効果的なのは、階高を切り詰めることだ。構造躯体費を減らせるし、ファサードと内装の費用も減らすことが出来る。また、内部の空気容量が少ないから空調の費用も減らすことが出来る。いわば一石二鳥ならぬ一石四鳥のコスト縮減の項目だ。それが超高層ともなれば効果が絶大なことは言うまでもない。将来を見つめて階高を確保することは、当然のことながらビジネスの効率を悪くする。だから超高層は例外なく階高が低い。ＩＴ化にともなって、超高層でも巨大な面積のワンフロアをつくるのが趨勢だ。広い面積ほど天井を高くするのが建築の常識だが、五〇〇〇㎡を超える広いフロアで天井が低ければ、その空間の異様さはたまったものではない。押しつぶされたような空間が、人の心理を圧迫することは言うまでもない。見かけの価値に走るプロジェクトがもっとも切り詰める部分だ。構造の高耐久化はもちろんだが、これさえしっかり確保されていれば未来の選択肢が増える。階高が高ければ、転用や改築次第でどのようにでも使っていける。

## 複数のシナリオ

もうひとつ提案したいのは、早急に中層高密のビジョンとそれに伴うビジネスモデルをつくることだ。これまでは、土地があれば高層高密の建物がベストの解だと考えられてきた。ひとつの解しかないから、どこでも無節操に超高層が建ち上がる。しかし、敷地には適正というものがある。高い方がよい場合もあるし、中層ぐらいの方が街の形成に資する場合もある。これまでは、ひとつしか解がないのだから、むりやり価値を捏造して何が何でも超高層を建ち上げ、短期間で投資の回収を計るというシナリオしかなかった。これが都市部に抜きがたい風景の貧しさを生んでいる。たとえ投資の回収が少し緩やかでも、別の選択肢があれば、つまり幾つかのビジネスモデルがあれば、都市はより重層的で厚みのあるものになるだろう。超高層以外のいくつかのビジネスモデル、すなわち中層高密のシナリオが欲しい。

## 文化と志

目を覚まし、現実を直視しよう。そして今こそ人間という種族の特権である想像力を最大限働かせて、未来を思い描いてみるのだ。建築とは未来の生活を思い描くことではなかったか。都市や土木とは未来の社会を思い描くことではなかったか。そのことを思い出す必要がある。あらゆる計画は未来に対して発せられている。だから、本来、どのような計画であれ、未来を思い描き、それに向けて準備をし、蓄え、計画することなしに、的確に現在の問題に対応することは出来ないはずだ。

フローは瞬時の対応だが、ストックを生み出すには未来に対する豊かな想像力が必要だ。グローバリズムを支える高度情報化社会と超資本主義社会、この流れに抗するには、想像力を以てその外に出ること、そしてその想像力でこれらを牽引し、支配し、手なづけることだ。

未来の時間に対する想像力を豊かにしていくことを通して、我々は様々な外からの力に対して免疫力を持つことが出来る。また、容易に揺らがぬ現在の指針を持つことが出来る。この免疫力のことをひと昔前の人は「文化」と呼んだ。そして、揺るがぬ指針のことを「志」と呼んだ。想像力を逞しくしよう。それが現在の事態を打開する唯一の方法だと信じている。

# 都市の魅力

対談　石元泰博　二〇〇五

## 生活文化の成熟から

内藤　以前から山手線の写真を撮っていらっしゃいますね。一九五〇年代からですから多分、石元さんが最古の東京ウォッチャーだと思うんです。何が変わってきましたか。

石元　変わったのは、割合、最近だね。品川だって最近でしょう。それまでは少しずつ変わっていった。大きく変わったのは本当に最近、ここ一〇年だよね。大崎なんて戦後すぐは空き地で、やぐらを組んで消防訓練をやっていた。そういうところが最近になってぱっと変わっちゃった。市民にはほとんど関係なく変わってしまって手を出すことも、何の意見を言うことも出来ないで、変わっていってしまう。

内藤　この間の変わり方は、バブルの後始末だと思っているんです。バブル経済が九二年ぐらいに終わって、不良債権だとかいろいろありますね。それを何とかしようというので、そこから事業が立ち上がった。ああいうものは、出来上がるのに一〇年ぐらいかかりますから、ちょうどバブルのときの様々な矛盾みたいなものが超高層という形で見えてきているんだと思うんです。だから、僕は「バブルの亡霊」ではないかと言っているんです。

裏にはビジネスやマネーゲームがあるわけですが、売る方は一般の方にはそういうふうには言わない。ダークサイドは裏におさえておいて、「こんな素晴らしい街が出来ました」と、明るいほうを言いますね。その辺の嘘臭さが、石元さんには気に入らないんだと思います。

石元　市民も無関心でしょう。自分のことじゃないように思っている。東京に住んでいるんだったら、この街を住みよく、きれいな街にしようと、もっと思っていいはずだよね。その景観が、また人間をつくったり、感性をつくるんだから、すごく大事なんだけれども、どうしてそこへいかないんだろう。生活自体がそれほど豊かではないんだろうか。

内藤　地方都市のことですが、「街づくりをやりましょう」と集まりますね。街づくりに一生懸命の人がいたとします。公民館で話をするときはいいわけですが、親しくなって家へ行くと、生活と文化を結びつけて考えるような住み方ではないわけです。そういう人が街のことを言うのは、なかなか難しいと思うんです。それに対してヨーロッパだと、それなりに自分の生活を大切にして、こだわりを持っている人が多い。多分、大多数。そういう人が街のことを語る場合と、今言ったような人が街を語る場合と、やっぱり何かが違うんじゃないかと思います。

石元　昨年テレビで見たんだけど、モンゴルのゲルの中だって、結構きれいに住んでいるね。子どもたちが学校に行けるか行けないかということで困っている。働き手がないから、長女は春・秋にわずか一〇日間ずつの季節学校にすら行かせられない、とお母さんが決断する。そういう家の中でも、モンゴルのいろいろな色を巧みに使って、感心するほどきれいにしている。きれいに住むことは、お金のあるなしではないと思う。ある文化が生活と不即不離であるかどうかとか、そういう話ではないかと思う。家とか家具の価値観自体が変わってきたし、住まう人と地域の関係も変わってしまった。その中で、新しい生活の仕方や日々の過ごし方が出てきてしかるべきじゃないか。そこがないと、いくら街のことを語っても難しいと思う。あるべき姿がわからない人たちが論じている感じがするね。

西洋的なものが入って、それらしき生活をしているけれども、西洋とは全然違うわけだし、ここで住まいをもうちょっと日本の形にしていかないといけないと思う。

内藤　日本は、外の文化を入れて、日本の胃袋で消化するということを繰り返してきたわけです。一時はアメリカのようになりたかった。どこかみたいになりたいというのでずっとやってきたけれど、今は物質レベルでは飽和している。ここから先二〇年ぐらいは、日本の文化が成熟するプロセスをたどらないわけにはいかないと思います。恐らく今後一〇年ぐらいで中国が急速に成長しますね。そうすると、経済力でも政治力でもかなわない。日本は、米中という超大国の間にあって、それらに匹敵するパワーがないと気付いたときに、日本人もアイデンティティーを求めるはずなんです。

石元　そのとき文化が成熟するといいね。「わたしは何」とか「わたしの住んでいる街は何」とか、「わたしの住んでいる家は何」とか。大きさではアメリカにはかなわないし、朝日が昇るような勢いでは中国にはかなわない。何をとってもかなわないけれども、「わたしは豊かです」と言えるかどうか。そうでないと誇りがもてないでしょう。そういう時期じゃないかな。

内藤　マーケットが成熟しないと街は良くならないと思います。マーケットというのは依頼主です。建築家も頑張らなければいけないのは当然ですが、だらしがないです。建築家はクライアントに対して圧倒的に弱いのです。

石元　そうだね。クライアントと、建築家と、それに市民も一緒に成長しないとね。昔の武家屋敷でも何でも、通りがきちんとしているんだよね。商人は武家より上に行くわけにいかないけれど、武家は武家でヒエラルキーがあって、家老の門構えより大きく出来ないような相互関係がある。町人は町人で、あちらよりもいいものをつくってやるみたいな誇りを持っていたわけでしょう。例えば京都でも、通りに面した構えは隣に付き合うけれども、中に入ると豊かとか、そういう文化があったよね。街並みとして表は付き合っているけれど内部は自分流にきちんとやろう、とそういうふうになれないかね。今は逆だよね。

内藤　サンプルがないと難しいと思います。それがディベロッパーなのか行政なのかわかりませんが、実物がないとなかなか信じられないものだから、いいサンプルをつくるべきなんです。それが先鞭をつけると思います。

石元　街を歩くと心が落ち着くとか、華やぐとか、少しずつ特性がある街が存在して欲しい。だけど、今はどこの街に行っても、落ち着かない。この間行った民藝館のある駒場のあたりは、きれいにしていると思ったけれど。

内藤　僕は、荻窪のような古い住宅地がいいと思います。そこに住むことを心に決めている人がたくさんいるわけですね。そこでうまく住まうことがみんなの合意事項になっている。そうすると、得することがたくさんあるわけです。自分もいいし、みんなもいい。落ち着いた住宅地で、時たまおいしいレストランがあったり、いいお店があったりというのは、都心ではありませんが、ああいう街のあり方はいいと思います。

石元　街づくりというと、リーダーの人たちが、すぐ外から何人ひとを呼べるとかそんなことばかり言うでしょう。あれが間違っているんじゃないかと思う。

内藤　昔、湯布院に行ったときに、地元のリーダーの中谷さんが「おすそ分け」という話をしていたことを思い出します。つまり、自分たちがうまい酒を飲みたいと思って、うまい酒をつくる。それを都会の人におすそ分けしてあげる。自分たちが映画を見たいと思ったら、映画をやる。自分たちが見て、その余った分というか、何がしかを都会の人におすそ分けする。あれが正しい街づくりのあり方だと思うんです。自分が食べたいものをつくるとか、自分がいい生活をするということが基本にあって、いい生活の仕方を都会の人が見に来る。そういうのが本当の観光なんだと思います。

石元　あそこも今はもう人が来過ぎて変わったんじゃないの。それが第二の問題だね。上手く行き過ぎると今度は湯布院が鎌倉化し始めるとか。経済ということで、すぐそうなってしまう。最初からそれをねらっちゃう。街を良くすることと離れていってしまう。そうなって欲しくないね。

内藤　街も栄枯盛衰があると思います。問題は、いいときに出来るだけストックをつくっておく。ストックがあれば、また頑張るときに上手くいくわけです。

石元　日本は、ストックのつくり方が下手だからね。そういう意味では、ヨーロッパは上手かった。これから、いいストックをつくって欲しいね。

## 超高層以外の都市再生もあるはず

石元　最近は愛着を持てるような街並みがないという話なんだけど、昔は、自分の家の周りは掃除をしたりして街を愛していた。だけど、今は全然気にしていないみたい。なぜそうなったんだろう。最近の人は個人主義になったのかね。

内藤　僕は戦後生まれだから知りませんが、たとえば江戸時代は、どの家も火事を起こしてはいけないという一つのソフトウェアが被さっていて、それをベースに文化が出来上がり、街が出来上がった。だから、火消し衆の単位でまとまったりしていた。そして関東大震災があり、戦争があって防災ということになった。都市をもう一回つくるときは燃えないように頑張った。でも、全部コンクリート化出来るわけではなくて、木造でつくらざるを得ないから、みんなで気をつけましょう、といってコミュニティが出来上がる。そういう流れがあったんだと思います。

石元　今、それはこの品川にもないね。自分の建物の中で完結する格好にしているせいなのかね。高層ビルは、下にレストランがあるし何でもあって、横のつながりは関係ないでしょう。一棟のビルの中に一つの村をつくっているから、都市計画は出来ない。ビルだけになって内部完結しちゃうというのは、ものすごく素っ気ない街になっていくと思う。冷暖房にしても、自分のところは遮断してコントロールするから、自然の「暖かい」「寒い」という気候もあまり関係ないみたいに考えている。そういうことを都市計画ではどう考えてるのかしら。

内藤　おっしゃるとおりですが、それは資本の論理ですよね。投資する人と回収する人と使う人といて、特に、バブルのあたりからお金が世界的に流動するようになって、投資をした人は、出来るだけ早く回収したいわけです。ということは、贈答品のようにいいパッケージをつくって、早く売りたい。超高層ビルというのは、多分、根っこにアメリカの経済論理があると思いますが、そういうものが極めて効率良く作動する商品なんです。商品ですから、地面についていない。可能なら地面から切り離されて、空中に浮いているほうが好ましいかもしれない。独立した商品だからコミュニティが出来ないんです。それは場所や地域とか、広がりを持つようなものではないんだと思います。

石元　内藤さんがよく言っている「建築家は皮をつくっている」というのも、材料が決まってきているから、つくるのが難しいね。

内藤　難しいですね。「皮」と言ったのは建築家の大野秀敏さんですが。特に、超高層ビルは「皮」だから。超高層のプログラムとマネーゲームには、プロジェクトファイナンスがベースに明快にあるわけです。そこからボリュームを決めます。じゃあ、外側の「皮」を誰に設計してもらおうかといったときに、日本人だといろいろ面倒臭いから、外国人に描いてもらおうと。ファサードデザインとか、「皮」の設計になっていくわけです。その土地のことを何も知らない人が絵を描いてくるわけですからね。

石元　日本の街は日本人の感性でやったほうがいいじゃないの。

内藤　そう思います。僕は、「超高層ビルは第二の植民地」と言っているんです。東京で見えている超高層ビルのデザインは、みんな外国人です。

石元　建築界は、それにクレームをつけられないの。

内藤　そういうものに対する意識自体が、建築界は非常に低いと思います。パブリックというものに対して意見を言う土壌を、あまり築いてこなかった。景観法に関連したシンポジウムに出たりもしますが、建築家たちは、敷地の中だけでクライアントを満足させればいいということを五〇年間やり過ぎてきたわけで、そこを出るのがなかなか難しい。外に向かってとか、それがどういう意味を持つかとか、そういうことはほとんど論じられてこなかった。建築の論壇でも、六〇年代に前川國男さんが東京海上ビルを設計する時に景観論争がありましたね。それから、七〇年代初頭に建築評論の神代雄一郎さんが新宿の超高層ビルの議論をして、完全につぶされましたね。それ以後、ああいうパブリックなものに対して、正面からものを言う建築家はいなくなりました。
石元　京都タワーの時は割合にやっていたでしょう。京都の住民もだけど建築評論の浜口隆一さんなんか言っていたでしょう。
内藤　建築はそういうところから身を引いた格好ですね。強いて都市の議論をされていたのは、都市計画系の人と、土木系の心ある人。僕は超高層批判をやったりしますが、こんな話を七〇年代の初頭に言ったら、建築界から抹殺されたでしょうね。でも最近はちょっと変わってきました。国土交通省が「美しい国づくり政策大綱」というのを出しました。美しい国をつくるのが自分の仕事だと言っていた青山次官がつくらせたものです。その内容の主旨は「戦後の日本の建築行政は間違っていた」というものです。役人は絶対に間違ったとは言わないものです。役所がこういうことを書くのは異例中の異例です。
それを受けて、昨年景観法が出来ました。六月に国会を通りましたが、三文字法なんです。三文字法とは何かというと、法律で上位にある法ほど字数が少ないらしいんです。憲法、民法、刑法、商法、大体二文字ですね。建築基準法なんて五文字です。都市計画法も五文字です。三文字法は河川法、鉄道法、道路法など、国の骨格を決めるもので、四〇年ぶりに成立した三文字法が景観法なんです。これから景観法がどのように使われるかわかりませんが、たとえば、この御殿山一帯で地権者が集まって、こうしましょうとみんなで合意すると、それが強制力を持つ。建物の色をグレーにしましょうとか、屋根の色をグレーにしましょうとか、何でもいいんです。そして違反すると、最悪は刑事罰までいく。今までは条例に違反してもどうということはなかったけれども、景観法に則ってみんなで決めたことを守らない人は処罰までいくという、かなり強制力のある法律です。これをどう使うかです。これから地方都市や東京の街でも、その景観法をどう使っていくかというのが議論の的になっていきます。

石元　でも、人間の意識の問題が大きいよね。生き方の問題がずいぶんある。今、渋谷なんかで撮っているけれど、なんか汚くて、もうちょっとスマートに出来ないかなと思うよね。きれいな景観をつくったからといって人が幸せになるとは限らないという考え方もあるし、渋谷のごちゃごちゃしているところに若者が集まったり、秋葉原や神田あたりの下町もなかなかいいじゃないかという話もある。そういうところと、そうでない部分と、両方あっていいんじゃないかと思う。今、日本は全体が崩れた方向にいっている気がしてしょうがない。もっと広範囲に多様な都市をつくるかたちに置き換えれば活気も出て楽しい街になるんじゃないの。

内藤　そうですね。今のところ都市を再生するのに、超高層モデル一つしかない。だけど、それはばかな話で、いろいろなバージョンがあってもいいのではないか。選択肢が少な過ぎるわけです。それを提案出来るのは、実は建築家しかいないんです。そこのところをこれからやらなければいけないと思っています。

石元　結局、いろいろなやり方があるはずで、それを考えていけば、やっていけるわけだよ。要は、建築家だけでなく一人ひとりが目覚めなければだめなんだ。このままでどんどんいくことはあり得ない。ほかの業種だって、これから縮小するからね。そうすればやむを得ず長いサイクルの考え方のほうに振れてくるんじゃないか。二〇〇五年が日本の人口のピークだそうで、これから人口が減っていって、極端な話一〇〇年後ぐらいには半分ぐらいになるわけでしょう。人口が増えて経済が毎年増えていく社会と、毎年人口が減っていく社会は、経済も文化も全然違ってくる。何を考えるかというと、そんなに消費するのではなくて、長い時間どうやって使えるかということに変わらざるを得ない。「つくっては壊し」という考え方は、なくなってくると思うよ。それは、ひょっとしたら北欧型かもしれない。ダウンサイジングの中に豊かさと求める。それが成熟だよね。でもどういう豊かさが得られるかということを語ったり、見せたりしなければ、市民は納得しないかもしれないね。

内藤　建築家も、それから建設業、ゼネコンも、成熟化のためにどういう貢献が出来るかというところに役割があると思います。

石元　一市民がしっかりして、建築家にそれをサポートしてもらえばいいんだよね。個々のレベルアップ。大変だけど、それをやらなければいけないね。

## 地方の再生は都会の問題でもある

石元　都市をつくるというのは、難しい。本当に地味な仕事だね。

内藤　僕と篠原修さん（東京大学・景観学）で、今全国二〇都市ぐらいの相談にのっているんです。地方都市の現状は、ほとんど目を覆うばかりです。生半可なことでは立ち直らないです。経済的な話、高齢化の話、それから建築の話だったりするわけですが、コミュニティも壊れているし、ほとんどゴーストタウンです。西部劇に出てくるみたいに、木枯らしがビューッと吹いて、誰も歩いていなくて。そういう中心市街地は全国に山のようにある。そして、ここ五年ぐらいで急速に増えてきている。やり方はいろいろあるでしょうけれども、現状を大切にというのではとても追いつきません。

石元　追いつかないでしょうね。選挙の時に、人口比で代議士を決めるでしょう。だけど、それだけでは上手くいかないと思う。田舎のほうは人口が少ないからといって、代議士がいなくなったら発言力も消えていく。ある県では人口に比較して代議士の数は多い。東京は、それが不公平だと言うけれども、必ずしもそういうものではなくて、その土地を誰かが守らなければいけない。

内藤　地方と都会の関係を意外と知らないんですよ。新潟大学の大熊孝先生——河川が専門ですが、その先生の本を読んでびっくりしたことがあるんです。何年か前、十日町市に建物の設計をしたので通っていたのですが、市内を流れる信濃川の水量がそんなに豊かではなかった記憶があって、不思議に思っていたのですが、上流から放水路をつくって分枝して発電しているらしいんです。その電力は、JR東日本の四割をまかなっている。要するに東京で使っているわけです。だから、地方と都会は決して無縁ではないということです。僕らが電車に乗って便利だと思っている。それはそういうところから来ていたりするわけです。

石元　水力発電するために、川の水が少なくなっている。そして地方が負担しているものは地方のものだけではなくて、都会とリンクしていることを知らなければいけない。

内藤　これは土木的な発言ですが、黒部の黒四ダムも、一九五五年、まだ戦後と言われていたころ、関西圏で電力が足りなくなるというのでつくったわけです。あれを自然破壊と呼ぶことも出来るし、片一方では関西方面の戦災復興に役立ったと言うことも出来る。その意味では、黒部と関西圏はバーターなわけです。

石元　お互いに依存しているのに、それを忘れている。人口が多いから俺たちの権利を確保する、田舎は人口が少ないからそんなに要らないじゃないかとやると、おかしなことになってくるわけね。電力も水も空気も。

内藤　食べ物もそうですよね。こんなに自給率の低い国でいいのかといったときに地方の問題が出てきますが、では、その田んぼを誰が耕すのかといったら、今のところ誰もいないという話ですからね。

石元　自給率が低いというのは、もっと地方を活性化しなければいけないということでもある。いけないけれども、老人が多くなって、出来なくなっている。

内藤　たしか東京と神奈川あたりの食料自給率は一～三％ぐらいです。つまり、都市部はほとんど外に依存しているんです。中国が食料輸入国になりましたから、これからは輸入するといってもお金が掛かってきます。そういうことからすると、ひょっとしたら二一世紀は地方の時代かもしれないと僕は思っています。そこまでなかなか気が付かないから、そうなってから慌てることになるんです。

石元　非常に大きな経済のからくりの中で、田舎の生産性が疲弊しているでしょう。その経済のあり方を根本的に考え直すことが必要だね。安いから輸入するといって今までのものをなくしてしまうと、今度は戻すことが大変になる。ただ安いから入れるというだけでなくて、国と国とのつき合いとか、強力な国からの圧力とか、いろいろ絡みがあるでしょう。

内藤　人によっては、「第二の戦災復興」と言う人がいます。戦争のときには爆弾で壊されていますが、目に見える壊れ方ですね。今は目に見えないところで壊れている。もう一度、ゼロからやり直すぐらいのことを考えないとだめなんじゃないかと言う人もいます。特に地方ですね。

石元　地方だけでなくて都会にいる人も考えなくちゃね。本当の意味でのつくり変えなんだから、建築家だけが考えることではないよね。大きな形で考えていないと、建築も上手くいかない。

## 若者たち

内藤　先生は最近渋谷あたりの若者を撮っていらっしゃいますが、何か変わってきたな、と思いますか。

石元　今の人たちは人間としての身の処し方が出来なくなってるような気がする。何でかは分からないけれど、論語や漢詩などを読まなくなったせいかしら。今は変にカタカナ言葉ばかりでしょう。

内藤　「昔の風景と比べて今が」とか「今の若い者は」ということについては、最近はそうでもないと思いたいんです。つまり、いつの時代もみんなそう言ってきたので、もっと希望を託したい気持ちもあります。

石元　それは原初の時代から、みんな同じ。「昔はよかった。今の若者はなっていない」と言っている。

内藤　多分、若い人たちは、何か生き延びる術を見つけようとしているんだと思うんです。大学で教えるようになって若い人と接すると、ひょっとしたら彼らのほうが悩みが深いかもしれないと思ったりもするんです。僕が若いころに悩んでいたことよりも、彼らの問題のほうが難しいのかもしれないと思ったりもします。

コミュニケーションについて石元先生がおっしゃる話は、裏にはテクノロジーの話が絡んでいると思います。コンピュータと情報通信、平たく言うと携帯電話だとか、僕らが見えないところで、ものすごい勢いで若者たちのネットワークが出来ているわけです。だから、若者たちは表現の仕方が苦手になっているかもしれません。

石元　今の若い人には、どういうふうに未来の時間を描いて、過去の時間もたぐり寄せて、その土地の時間の流れに一緒になってつくれるかという、そういう時間感覚がないような気がする。

内藤　そういうことを考えるのを怖がっている感じがあるんです。今言われたように、自分を何となくぼかして周りを見ている感じがします。この間、インドや世界の話をしてもらおうと思って、写真家の藤原新也さんに大学に来てもらったんです。そのとき藤原さんが、「今、若い子たちが『僕的には』という言葉を使う」と。一・五人称だと言うんです。僕は、藤原さんがそれを攻撃するのかと思ったらそうじゃなくて、すごく難しい状況が周りに広がっているので、自分の意見をちょっとぼかす。そういう言い方は嫌いだけど、それも若者の知恵かもしれないと言うんです。

石元　なぜそうなったんだろう。

内藤　僕は社会評論家でないのでわかりませんが、僕にしても、ずっと生きてきて、どんどん社会が煮詰まってきているというか、ある種の閉塞感が強まっている感じがあるんです。ここ三〇年とか、物心がついてから四〇年ぐらいずーっとあって、どんどん身動きがとれなくなってくる感じがあります。それは多分、どこかで時代の変換点があって、日本がそっちのほうに舵を切ったからだと思います。

石元　世界の若者はどうなんだろう。

内藤　世界の若者は、特に先進国の若者は、もっときついかもしれない。ただ、そうなっている裏には、石元先生のこれまでとは切っても切れないアメリカの文化があります。アメリカという存在がどこかにあるんだろうと思います。日本の場合は、日本の裏側にアメリカという文化があって、いまやロシアの若者たちの文化の裏にもアメリカという存在がある。つまりグローバルなアメリカの存在が、それぞれの地域の文化のある種の自立性や誇りを、意図的にではないにせよ奪ってきてしまった。そうすると、そこに立っている若者たちは、自分が何者なのかと問いかけた時に容易には答えが出ない。そこに来ているんじゃないかと思うんです。

時たま、若いので面白いのがいるんです。以前、日本建築家協会のセミナーで教えていたことがあって、当然みんな建築家、デザイナーになりたいんですが、打ち上げの時に二一歳ぐらいの女の子が、「わたし、大工になります」って、本当に大工になっちゃった。それで、「親方の言うことがすごくて、全部メモをとっている。毎日楽しくてしようがない」とメールを書いてくるんですが、中にはそういうのがいるんです。

石元　やっぱり自分でモノをつくっていれば楽しいし、見えてくる。

内藤　ほかの子がどうするとか、世の中がどうするということとは関係なしに、充実感や自分の生きる場所を見つけるようなやつがぱらぱら出てくると、面白くなってくる気がします。

石元　TBSの「噂の東京マガジン」という番組で女の子に料理をやらせたりする、「平成の常識やって！TRY」というコーナーがあって、男の子に椅子をつくらせたら、これがひどい。ベニヤ板みたいな腰掛けがあって、丸く切った足がある。それをそのまま釘で打ちつける。座ったら、すぐヘナッとなっちゃって、どうしようもない。鋸を使わせても全然出来ない。それで、一番ひどい子を棟梁のところへ習いに行かせる。家をつくっている現場へ行って、鋸の引き方から、暇を見て教えてもらう。そのうち彼も変わった。

内藤　考え方も。

石元　そこで教えられることもあるけれども、自分でやることで、こうしたら上手くいくとかいかないとか、わかる。椅子の前は本立て、その前は棚だった。

内藤　工作とかやったことないんですよね。昔はありましたけど。

石元　鉋を使ったり、鋸を使ったりすることを知らないけど、ちょっとやればすぐ上手くなるよ。だから、世代が離れていても、若いうちにやらせれば、意外とつなげていけるかもしれない。そこから後、本当のところへいくにはずいぶん時間は掛かるでしょうけれども。五感を使って、手も足も耳も目も全部使って何かをつくることが、学校であまり重要視されないんじゃない？手で図面を引くのとコンピュータでやるのと、そこの差はどのように言ったらいい？

内藤　コンピュータでやる場合は、バーチャルですから大きさがないんです。プリントアウトしたらスケールは出てきますが、モニターの中はノンスケールです。一番の問題はそこにあるわけです。大きさを捉える能力が下がっている。紙に描く場合は、一〇〇分の一の図面だとか二〇〇分の一の図面だとか、一〇分の一の図面だということを初めに決めなければ描けません。ところが、コンピュータの場合、決めなくて始められるところが問題です。

石元　バーチャルといっても、バーチャルのありよう、レベルが違うわけね。

内藤　そうです。あと決定的に違うのは、紙に描いていたときは、描いている間に内容を考えました。今は、そういう迷いみたいなものがありません。

石元　考えないわけね。
内藤　迷う回数が少ない気がします。だから、大きな仕事では難しいけれども、小さな仕事では、もう一回、紙に描いてやらせてみようかなと思っているんです。
石元　我々は、目で見て、壊れそうで危なっかしいというのが勘でわかるでしょう。
内藤　若い子は苦手でしょうね。つまり、「勘が大事なんだよ」というふうに大学では教えないんです。そこのところが問題かもしれません。直感的に良い悪いを判断して進めていく能力が足りないと思います。ここをどうやって鍛えるのかという問題はあります。
　僕は、勘は割といいほうなんです。「まずいんじゃないか」と思ってやってみると、「やっぱりまずかった」ということがたくさんある。そうしたことが極めて技術的なレベルでもあるんです。
石元　こう見て、これは危なっかしいとか、危なっかしいけれども大丈夫だとかわかるところがあるんだよね。そういうのは生物の知恵なわけ？
内藤　人間の感覚は、目だとか耳だとか鼻だとか皮膚だとか、センサーがたくさんついています。そのセンサーが受け取っている情報はものすごく多いと思います。多分、僕らが頭で意識的に考えているものの数十倍の情報を得ているわけです。ただ、それは言葉にもならないし、意識化されないし、思考にもなっていない。そういうものを大事な時に使える能力が、これから求められる本当の能力なのだと思います。

# 踏石とアキカン

石元泰博『桂離宮』序文　二〇一〇

いっさい隙のない建物と庭である。この中に足を踏み入れると、どこを向いても何かがこちらに向けて仕掛けられているのに気付く。常に「見られている」ような異様な感覚。おそらくそれは、後水尾《ごみずのお》上皇をこの場所で接待しようとした八条宮智忠《としただ》親王の執拗な目線だろう。上皇によろこんでもらいたいというその必死さが、息が詰まるような技巧の連続と、隙がないという堅苦しさを生んでいる。だが、いつも見られていれば、こちらから何かを見出そうという内発的な力は萎える。これが桂という施設の生み出した文化の到達点であると同時に限界でもある。

桂離宮に感動してみせること、賞賛してみせること、今やそれは、建築や伝統文化全般に対する理解の深さを示す尺度のようなものにすらなっている。たしかに完成度は高い。細部に施された技巧も卓越している。しかし、桂離宮は本当にそんなに素晴らしいのか、わたしには確信がない。あのいつも「見られている」という感覚が、わたしから「見る」自由を奪っているからだ。

だから、一度はそれらをすべて消し去って、あの建物と庭に向き合う必要がある。そのためには、石元の眼差しの助けを借りる必要がある。あの建物に動かされないわたしが、石元の写真に激しく動かされるのは、そこに「見る」意志が強烈に表現されているからである。「見られたい」ように見るのではない。見たいように「見る」意志、それがこちらの心を打ってくるのである。

もとより、石元は既存の価値には捉われない。最初の撮影は帰日して間もない頃だ。青春期のほとんどをアメリカで過ごした異邦人の目線は、あの建物に対して特権的なものであったはずだ。しかし、たとえそうであったとしても、八条宮の執拗な目線をはねのけ、時に無視し、自在に自分の世界を再構成するには、とてつもないエネルギーと集中力が必要だったはずだ。

その挑むような姿勢は、真に伝統に向き合う気迫といきなり対象の核心に迫る的確さを写真の中に生み出している。誰もがたじろぐ桂を前にして、撮る側の主体が明確で、それゆえ目線が自由なのである。歴史的な思い入れや文化的な先入観、それらを取り除いた真性の価値を、実物よりも石元の写真の中に見出すことが出来るのは、そうした理由からだ。

桂離宮に関しては数多くの論が書かれてきた。その多さに比して、石元の写真について言及されたものは少ない。石元の写真を通して、海外からも桂離宮が日本文化の流れの中に位置付けられる一方、石元はといえば、日本文化に対して異邦人としてアウトサイダーの位置取りを変えなかった。石元は一貫して日本文化に対して、優れた観察者であり容赦のない批評家でもあった。

ひょっとしたら、石元にとって対象は何でも良かったのではないか、と思うことがある。桂離宮であろうが、山手線から撮るありふれた風景であろうが、濡れた路上で押しつぶされたアキカンであろうが、何でも良かったのではないか。ただ、戦後間もないその頃、それもアメリカから帰ってきたばかりの無名の写真家にとって、山手線の風景やアキカンでは見向きもされなかっただろう。それをやるには時代が早過ぎた。

敗戦に打ちひしがれ、アメリカ文化が日常生活になだれ込み、自らの文化に自信を失い、そんな状況の中で桂離宮という存在は、文化としての誇りを取り戻すプロパガンダとしてはうってつけだった。そのためには、写真家は日本人でない方が良かった。内側の目線で自己満足するのではなく、あくまでも外からの目線で評価されることが望ましい。外側からの評価こそが誇りとなる。この国の文化の典型的なパターンだ。そこに石元が居た。

一九五三年、石元がMoMAの“The Family of Man”展のための撮影で来日した。同じ頃、MoMAで“Architecture of Japan”展という企画があり、吉村順三が日本家屋を会場内に設計することになっていた。そのキュレーターであるアーサー・ドレクスラーと吉村順三とともに初めて桂離宮を訪れることになる。その後、桂離宮の踏石を撮った写真が堀口捨己に認められ、写真集の企画が持ち上がった。このあたり、石元を日本と日本の建築界につなげたのは建築評論家の浜口隆一である。

いくつかの天啓が重なって、石元が撮影し、巻頭論文はワルター・グロピウス、それに当時新進気鋭の建築家として注目されていた丹下健三が加わった。写真を料理するエディトリアルデザインはハーバート・バイヤー。最高のラインナップで、イェール大学から英語版、造型社（ダヴィッド社）から日本語版の『桂』（一九六〇）が出版された（バイヤー版）。厳密な構図、白黒のトーンとバランス、シーンの切り取り方、どれも斬新で強烈な石元の写真は、たちまち旋風を巻き起こした。もっともモダンで新しい感性が、もっとも古い文化の古層と出会ったのである。バイヤー版は、もともと一九六〇年に東京で催される世界デザイン会議に間に合わせるという思惑もあったはずだが、それには間に合わなかった。

その後、日本語版を作る話が起こり、同じ白黒のソースを使って一九七一年にエディトリアルデザインを亀倉雄策、序文を丹下健三、というラインアップで中央公論社から出版され、その一年後に英語版がイェール大学から出版された（亀倉版）。

一九七六年から桂離宮は昭和の大修理が行われ、カラーでも撮り直すことになった。装丁を田中一光、レイアウトを太田徹也、巻頭論文を磯崎新、解説を熊倉功夫、佐藤理が執筆し、岩波書店から一九八三年に出版された（カラー版）。

バイヤー版、亀倉版、カラー版。いずれも、その時代の最高のラインアップで出版が繰り返されてきた。白黒からカラーへ、バイヤーから亀倉を経て田中へ、グロピウスから丹下を経て磯崎へと、編集のさばき方もそこで展開される論考も、そしてなにより石元の目線も、時代を経るごとに変化してきた。

わたしには、白黒版の最初の桂は「外からの目線」であり、カラー版は「内からの目線」に重きがあるように見える。先にも述べたように、白黒版には、八条宮の「見られたい」という執拗な視線をはね返すような、撮る側の強烈な「見る」意志が表現されている。一方、カラー版には、「見られる」ことを「見る」、つまり、まるごと受け入れているような優しさがある。この時初めて、石元はこの離宮の客になったのかもしれない。

そして再び、白黒の写真へ。それがこの写真集『桂離宮』（二〇一〇）である。

隣に並べて見比べてみれば即座に分かると思うが、最初の頃の白黒版の印刷は充分ではない。ほぼ同じ時期の代表作である『シカゴ，シカゴ』の印刷の完成度の高さと比べてみれば一目瞭然である。当時の状況によるものだろう。見比べてみると、印刷の不足を写真の大胆なトリミングと先鋭的なエディトリアルで補っていたかのようにすら思える。さらに、丹下健三が、ここを舞台に強烈で個性的な建築論を展開したことも、石元が写真を通して伝えようとしたことを見えにくくしている。

『シカゴ，シカゴ』と同じような写真のクオリティで、それも写真を中心に桂離宮の写真を再度まとめてみたい、と考えるのも当然のことだろう。今回の出版は、もう一度、あの曇りない強い目線を、実に半世紀を経て世に問うことになる。カラー版撮影時の白黒も加えて、オリジナルの強さが、より的確なかたちで再現されるはずだ。

花は野にあるように、と利休が言ったという。これは異様な言葉である。花は野から切り離されてきたのだから、野にあるようであるはずがない。利休がどのような思いを込めたのかわからない。わたしは、花は生命のたとえであり、野はあの世を意味するのではないかと思っている。あるがままを再現しようとすると、もっとも異常なものが出現する。花と同じように、写真とはそういう不思議で過酷な運命を背負ったメディアなのではないかと思っている。

写真集というのは、まず最初に写真家と被写体との関係があり、それが、カメラ、フィルム、印画紙、編集、製本、序文と解説、そして出版というプロセスを経るが、そのそれぞれで新たな恣意性が加わる。我々の手元に届くものは、そうした様々なレイヤーが被さった総体なのである。普通ならオリジナルの持っていたメッセージ性は、こうしたノイズによってかき消され、見えにくくなってしまう。しかし、この複雑なプロセスと無数の思惑を貫いて、心の内側に差し込んで来る鮮やかな一撃が石元の写真の中にはある。

歴代の桂離宮の写真集の中で、この本は写真そのものを主役にしようとした初めての試みである。つまり、石元の一撃がもっとも鮮やかに伝わることを編集の主眼としている。桂離宮という被写体があって石元の写真があるのではない。ここでは、石元の「見る」意志によって表現された桂離宮があるのである。

少年のような無邪気な心を持った老修行者。畏敬の念とともに誰もが石元に対して抱く感情である。八八歳まで生きてくれれば、普通なら世の垢のようなものは精神の隅々に溜まっているはずだ。それを全く感じさせないのが石元という人の人となりであり、それはそのまま石元写真の要諦とも言える。汗にまみれて必死の思いで戦後を生き抜いてきた日本。その喧噪の中、砂埃と靄が立ちこめ、見えにくくなる視界を、石元はモダニティという精神の盾で必死にはねのけ続けてきた。その始まりの地点に桂離宮の踏石があり、終着点に路上でつぶされたアキカンがある。桂の踏石とアキカンは、どちらも石元という同じ眼差しの上に像を結んでいる。

# 言葉なき対話のかけらを探して

石元泰博へのオマージュ　二〇一三

自然は美しい。自明のことである。しかし、はたして人が介在したこの世界は美しいのだろうか。石元泰博の全ての写真に、この問いが含まれている。伝説の写真集『シカゴ，シカゴ』のビルの谷間に差し込んでくる光、新聞を舞い上がらせる風、自動車にうっすらと降り積もる雪。自然は人がつくり出したものに、ささやくように語りかける。それは言葉のない詩のようなものである。人や建物や街を撮りながら、そこに光や風や雪といった自然が訪れる瞬間を切り取ろうとしている。その詩をフィルムに掬い取り、印画紙に刻み込もうとする。

人そのものがそうであるように、人がつくり出すものは美しいとは限らない。むしろそうでないものがほとんどだ。しかし、その美しいとは限らないものにも自然はささやきかける。その一瞬は、たとえどのようなものであれ、輝きを増し、この上なく美しい。雨に濡れた路上のつぶされた空き缶でさえ……。その瞬間さえ見逃さなければ対象は何でもよかったに違いない。

こういう写真家の被写体になるには覚悟が要る。たいていのことは見透かされてしまう。その刹那を捉えようとする眼に応えるだけの資質を、建物は持ち得ているのか。たしかに、どのようなものにでも自然は語りかけるだろう。しかし、そのささやきに建物が的確に応えた時、初めて自然との言葉にならない対話が成り立つのである。より良きものは、より良き対話を生む。実は、その対話こそ写真家が写し取ろうとしているものなのではないか。

法律上の制約、経済的な制約、技術的な制約、敷地の制約、建て主が与える制約。建物は無数の妥協の果ての産物である。しかし、だからこそもっとも生身の人間に近い創造物ともいえる。建築家は、この様々に混ざりあった要素を調え、あるべき方向へ調整し、そこに意志を込めようとする。それが充分でなければ、建物は自然のささやきに応えるだけの美しさを獲得することが出来ない。自分の生み出した建物が被写体にふさわしいのかどうか。撮影を依頼するにあたって、怯まぬはずがない。

石元さんに初めてお目にかかったとき、わたしは無名で何の実績もない三五歳の若造の建築家だった。その時、石元さんは六四歳。桂離宮を撮り、丹下健三を撮り、建築界においてその名を知らぬ者のない巨匠だった。この不釣り合いな関係を結んでくれたのが、西洋環境開発の伊勢志摩芸術村構想だった。三重県の鳥羽市郊外の半島の山林に芸術村を立ち上げるということで招集された文化人グループの中に、石元さんもわたしもいた。

芸術村の構想は途中で頓挫するが、そのなかに誘致した「海の博物館」は、七年半の孤立無援の歳月を経てなんとか完成した。設計から完成までの歳月は、ちょうど狂乱のバブル経済の時期と重なる。浮かれる世の中に背を向けて、鳥羽に立て籠もるような気持ちでこの建物に打ち込んだ。完成して撮影をお願いした九二年当時は、式年遷宮される伊勢神宮の撮影の準備に余念がなかった。

漁労用具を収集し漁民の生活文化を展示するという内容、都会から遠く離れた僻地というロケーションと極限のローコスト。どれも当時の時流からは遥かに遠い。いかにも都会的でない風貌をもった簡素極まりない建物は、当時の建築の常識からもかけ離れていた。

開発が頓挫した造成地の中、世の中から見捨てられたような場所に、時代からも孤立して、この建物はポツンと建っている。完成した海の博物館は、まるで大海原で遭難した時代遅れの難破船のようであった。この難破船に、せめて少しでも光を当てたい。支えてくれた事務所のスタッフはもちろん、協力を惜しまなかった現場の職人たちにも報いたい気持ちがあった。

たぶんまともに取り上げてくれるメディアもないだろうからと自費出版を決意して、大胆にも石元さんにその撮影をお願いした。過酷な条件の下で様々な妥協を重ねた末に出来上がった被写体は、建物としては充分ではないかもしれない。しかし、その取り組んだ精神には曇りがなかった。よく受けてくださったと思う。奥様の滋子さんの後押しの一言で撮影が決まった。カラーでどうか、と聞かれたときに、是非とも白黒でお願いします、と言った。カラーなら現像はラボに行ってしまう。石元さん自身に焼いてもらいたい。そのためには白黒でなければならない。わたしが言った一つだけのわがままである。

一泊二日の撮影は三回に及んだ。石元さんはもう何回か行くつもりだったようだが、経済的に困窮を極めていた事務所では、三回の撮影に留めていただくしかなかった。

早朝から始まった撮影は、驚くことばかりだった。あらかじめ図面を頭に入れていたとしか思えない。天候を読み、雲の流れを読み、それに合わせて特定の時刻にあらかじめ決めていた場所に立ってカメラを構える。この光でこの場所を撮る、と決めている。我々には見えない石元さんの頭の中にある緻密なプログラムで動くのだ。だから、次の撮影の立ち位置は予測がつかない。そして、それぞれの動きが分刻みだ。まごまごしていると怒られる。俊敏に動かねばならない。いったんカメラを手にすれば一切の妥協はない。昼飯も休憩もない。日のあるうちは動き続ける。

変化し続ける光と影との一期一会の格闘。自然と建物が語り合う瞬間を切り取ろうとする。その対話の瞬間が多ければ多いほど、石元さんにとって撮るに足る建物であるに違いない。この建物がそれに適うものであったかどうかはわからない。しかし、ワンカットに対して十数枚の焼きがあった。紙焼きの総数はこの建物だけで数百枚に上るはずだ。

この後、ある程度の規模があって力を入れた建物があれば撮影をお願いし、そのたびに写真集を作った。安曇野ちひろ美術館、牧野富太郎記念館、倫理研究所富士高原研修所。撮影の時はいつも緊張した。襟を正し、虚心坦懐に臨まねばならない。どれだけ自然はささやきかけてくれるだろうか。対話は成り立っているのか。その都度、厳しい目線で自らの仕事の密度を測る機会にしてきた。

ここに収録したのは、撮影していただいた四つの建物の写真集を集め再編集したものである。本当は、この後、五年を費やし、全力を傾けた島根県芸術文化センターの撮影をお願いしたかったのだが、すでに体調を崩され、叶わなかった。この建物は、それまでの総決算のようなもので、時々刻々変わる自然を映し込むような建物である。この対話を石元さんの目がどのように捉えるのか見てみたかった。

牧野富太郎記念館で村野藤吾賞をいただいたとき、記念にと村野藤吾の肖像写真を石元さんから頂戴した。村野さんが品川プリンスホテルの現場を廻るわずかな隙間で撮ったという。九一歳という巨匠晩年の数少ないポートレートだ。

現場用と思われるスリッパのようなソフト靴。スーツにネクタイ、それにヨレヨレのコートを着ている。高齢にもかかわらず、いったん現場に出れば隅から隅まで一日かけて歩いたという。若い所員がついて行けないほどだったと聞いている。現場を歩いた途中での突然の撮影だからだろう。着衣はやや乱れている。疲労の色は隠せない。機嫌も悪そうだ。しかし、疲労した体と戦うように、その眼鏡の奥の厳しい眼差しには隙がない。

素晴らしいポートレートである。カメラは被写体の本質が現れるその瞬間を見逃さなかった。仕事に向き合うもっとも村野藤吾らしい姿が印画紙の上に留められている。この姿は、撮影現場での石元さんと重なる。この写真をいただいた意味をいまだに考え続けている。

はたして世界は美しいのだろうか。二〇一一年の三月一一日から間を置かずして、被災地の陸前高田の渚に立った。空は晴れ、全てを洗い流した海は湖のように凪いでいた。背後には学校のグラウンドのような大地が山裾まで広がっている。情けは人が抱く感情だが、ここには一切それがない。剥き出しの自然がもたらした情け容赦のない風景だ。それは美しい。しかし、温度がない。人の温もりの欠片もない。この場所には言葉なき対話は成立していない。

自然そのものには冷厳な美しさがあるが、人が生み出す建物や街や風景には、不完全ではあるが温度がある。人が介在してもなお、そこにより良き対話を見いだすことが出来るのかどうか。不完全ではあるが温度のある美しさは可能なのだろうか。自然がささやきかけたとき、それに応える人の温もりを留める温かな美しさはありうるのだろうか。情け容赦のない風景に身を晒すと、ことさらその存在を信じてみたくなる。また、それこそが建築や街や風景に向けられた石元さんの生涯の問いであったように思えてならない。

# 2章　デザインをヒトにつなぐ

なぜAppleがこれほど人を惹き付けるのだろう。わかりやすく言えば、そこに「近未来の手触り」が提示されているからだ。機能的な優位性だけなら他のメーカーもそこそこ健闘している。デザインに関しても、一時はひどいものだったが最近はそこそこ良くなってきている。にもかかわらず、この一〇年、我が国のメーカーは苦戦を強いられ、手痛い敗北を喫し続けてきた。

Appleが圧倒的な優位性を保っているのは、「近未来の手触り」がモニター画面の中に表現され、iphoneやipadやipodのエッジのきいたフォルムや鈍く光る素材感に表現されているからだ。全体として伝えたいビジョンがあるのだ。これを得るためには、単に技術の集積だけではどうにもならない。イメージする力、それを信じる力が求められる。

ジョブスは、稀に見るイメージメーカー、それも近未来を「手触り」として現在のマーケットに供給できる才能を持っていた。おそらく彼には、近未来の生活空間がどんな質のものなのか、それを商品にするとしたらどんな手触りなのかが見えていたのだろう。そしてそれを現在にもたらすためにはどんなことでもやる、という覚悟があった。人々はその感性を支持したのである。Appleの動きを見ていると、やはりあらゆるデザインは未来を向いている、というモダニズム以来の伝統を思い出す。その最前線は、近未来をいかに先取りするかにある。

「建築」と「デザイン」が世間を騒がせている。久しくなかったことだ。残念ながら、どちらも良い意味で騒がれているわけではない。面白いことに、「建築」の方は「どこにもない」ような在り方が否定され、「デザイン」の方は「どこにでもある」ような在り方が否定された。しかし、いずれにせよそのデザインが多くの人を強烈に魅了するようなものであったら、こんなことにはならなかったはずだ。どちらも人を完全に魅了する力が足りなかった、と考えた方がよい。多くの人がそこに「近未来の手触り」を感じることが出来なかったのではないか。

建築もデザインも手痛い打撃を受けた。今あらためて「近未来の手触り」を探しに船出せねばならない季節を迎えている。ひょっとしたら、それは青い鳥のようなものかもしれない。気付かないだけで、ごく身近なところに居るのかもしれない。

# デザインに何が可能か　二〇〇九

## 建築・土木・デザイン

不思議な運命の糸を辿って、土木とデザインの分野をさまよっている。あくまでも本籍地は建築だが、かなり慣れたとはいえ、いまだに見知らぬ土地を旅している気分だ。わたしに課せられた役割は、建築という価値の本質を外の人に伝えること、外で得た情報を可能な限り建築にフィードバックすることだと考えている。また、その旅の途中で出会った異人たちの考え方を報告することだろう。そのことが、ともすれば閉じがちな建築界を、より開かれたものにすることに役に立つかもしれないと考えている。実感としてまず言っておきたいのは、建築界はまったくと言ってよいほどに理解されていない、ということだ。それは山奥の村のような存在で、その中でだけ通用する言葉を持ち、そこでしか理解出来ない価値観を共有している不思議な存在だ、と見られている。難しいことはさておき、本稿でそのことを感じ取ってもらえば、それだけでも充分役割を果たしたと言える。

## デザイン／本質を現す表層／矛盾を覆い隠す役割

背骨に入ったステンレスの二本の棒のレントゲン写真が痛々しい。二本の棒を上と下で二カ所、ボルトとナットで留め付けている。ところが下のナットはどうやら外れてしまって二本の棒は無惨にも下の方で離れてしまっている。痛みが伝わってくるような刺激的な写真だ。「こんなの許せない」自分の背骨を支えている金具をジョークのネタにしながら、車椅子の川崎和男は講演を始めた。複雑な笑いが会場に広がる。川崎さんはわたしより二代前のGマーク（グッドデザイン賞）の審査委員長であり、ひとつ年上の友人でもある。デザイナーにして大阪大学教授、人工心臓のデザインで医学の学位を持っている。若い頃に交通事故で両足が不自由になり、車椅子のデザインを手掛け、心臓を悪くして人工心臓のデザインを手掛ける。なにせ命がけのデザインなのだ。それ以外にも手掛けたデザインは数知れない。戦争や災害時に使用する注射針など、PKD（ピース・キーピング・デザイン）プロジェクトが現在の関心ごとだ。志は正しい。しかし、時に周りをうろたえさせる歯に衣着せぬ過激な発言、扱いにくい男でもある。

「いろんなデザインが世の中に溢れているけど、要領のよいデザインばかり。こんな状況を見ていると、デザインなんか世の中にいらないんじゃないかって思えてくるよね」ある会合で三宅一生さんが放った言葉だ。プリーツプリーズやA－POCなど、世界に流通する革新的な衣服を手掛けてきた人ならではの言葉だ。穏やかな笑顔で自然に発せられた言葉だけにズシンとくるものがあった。この言葉は、建築や都市のデザインにも向けられているような気がしたからだ。三宅さんはデザインの持つ意味そのものを問い直そうとしているに違いない。

日本ばかりでなく世界中で何かが行き詰まっている。資本主義経済そのものが生み出す消費社会、その中で氾濫するデザインという不思議な現象が、どうやら迷路に入りつつあるようだ。ミニバブルに踊った建築も、金融資本主義が醸し出した消費社会に踊らされてきたと言えなくもない。その限界がはっきりと見えてきた今、もう一度、デザインという言葉や行為について冷静になって考えてみる時期にきている。デザインはその本質的な性情として、ものごとの表層にあり、その内実や精神を表す表象となることも出来るが、ひとたび使い方を間違えれば内実にある問題や矛盾を覆い隠す役割に堕すこともある。したがって、その力を正確に捉え、的確に使うべきだと考えている。

### 建築とデザイン

畑から採れた人参があるとする。よく見ればまだ土が付いている。これを料理人が買ってきて、葉を落とし、水で洗い、表皮を削ぎ落とし、輪切りにする。それに調味料を加えながら煮たり炒めたりして、肉料理の皿に添える。モノがあって、それを目的に向けて加工し、組み合わせ、ヒトに届ける。このプロセスに働きかけ組み立てていく力を広義の意味での「建築」ということが出来る。この場合、人参は木や鉄やコンクリートといった素材のことであり、「建築」という力を介して、それが意味と役割を持ち、「建物」としてヒトに届けられる。料理が「建物」ということになる。

では、このプロセスでデザインはどこにいるのか。デザインは、その素材が視覚的にどのようであればよいか、というところに関わる。つまり、人参がどのようなサイズで、どのような姿で、どのような固さの食感で皿の上に並んだら食べる人に心地よいか、という役割を担う。モノの有り様によっては、プロセスの始まりまで作用する場合もあるが、多くの場合、モノが視覚化されるプロセスの後半に深く関わる場合が多い。「建築」も「デザイン」も多かれ少なかれすべてのプロセスに関与し作用している。「建築」という力がプロセスの初期に深く作用するのに対して、「デザイン」はプロセスの後半に深く作用する傾向があると考えることも出来る。別の言い方をすれば、建築はやや「モノの論理」に近く、デザインは「ヒトの心理」に近い、と言える。これでおおよそ間違っていないと思う。

「建築」と「デザイン」は相補的であり、偶然か必然か西欧的な意味合いではふたつともメタフィジカルな概念だ。お互いに姿を映し合う鏡のような存在だと考えている。だから、「デザイン」という価値を浮かび上がらせることは、「建築」という価値を間接的に描き出すことにもつながるはずだ。仲が良いかどうかは別にして「建築」と「デザイン」は兄弟のような関係にあり、多少のタイムラグはあるものの「デザイン」で起きていることは「建築」でも起きている、またその逆もある、と考えている。

## 魔法の言葉

最近では、デザインという言葉を冠した学校や学科がすさまじく増えている。余計な心配だが、デザインにしろ建築にしろ、そんなにたくさん卒業してみんなどうするんだろう、と思ってしまう。

建築を教えている大学や教育機関では、デザインという言葉をよく使う。設計演習があれば、学生たちの差し出す幼いスケッチを前に、もっとデザインが何とかならないのか、君みたいにデザインが下手じゃどうしようもないね、といった会話が交わされるのが常だ。先生や建築家たちは、デザインという言葉を金剛錫杖のごとく、ある時は魔女が振り回す魔法の杖のごとく、この言葉を振り回し、学生を鍛え上げ、魔法を掛ける。
だけどちょっと待ってほしい。デザイン……て何なの……。デザイン、このわかっているようでアヤフヤで、ちょっとバタ臭い魔法の言葉の指し示すものは何なのだろう。若者にとっては先生たちが頻繁に口にするデザインという言葉を発すれば、何やら先端を行っているようでモテそうだし、カッコ良さにつながっているような気分にもなる。輸入物の言葉だから詳しいことはわからないけど、まあ、なんとなく気分はわかるでしょ、っていうところが普通の感覚なんだと思う。偉そうなことは言えない。白状すれば、かく言うわたしも、つい数年前まではこの言葉の曖昧さを便利に使い回していたひとりだ。

しかし、我が国においてデザインの主戦場であるGマークに中心的な役割で関わっているが、そのわたしでさえ場面によってわからなくなることがある。デザインほど人によって捉え方が違い、正体がつかみにくい言葉はないのだ。だから、まずはこの言葉ついて考えてみたい。

いずれにしても、建築界で建築の言葉が厳密に取り扱われていないのと同様に、いわゆるデザイン界においても、デザインという言葉の意味を誰にでもわかる言葉で説明出来る人はいない、という印象を持っている。

## デザインという言葉

designという言葉は、もともと古代ギリシャ語のsêmeion、ラテン語の辞書では、designo、de-signareという言葉あたりだろう。表示する、指示する、規定する、模写する、あるものを指す、暗示する、整理する、秩序立てる、などの意味がある。この言葉が現在のような意味になったのは一六世紀頃と言われているらしいが、つまりは近代という概念の成立と軌を一にしている、ということなのだろう。だからモダンとデザインという言葉は相性が良いのだ。

この言葉が我が国に入ってきたのがいつ頃なのか正確には辿れないが、一八一四年の『諳厄利亜語林大成』では、「思慮する」、以後、「雛形、企て」など変転を経て、一八七三年の『附音挿図英和字彙』では、「描く、図る、意匠（むなづもり）」となって、おおよそ現代の解釈に近くなってくる。一九一四年の外来語辞典では、「計画す、設計す、図案を作る」となっている。

一般的にこれまでdesignというと法律的には「意匠」という言葉が当てられる。一八八八年に「意匠条例」が定められた時に、この言葉の運命が決まってしまったように思われる。「意匠」という言葉は、着物の布地の柄や図案のことを指していたから、法律的には極めて限定的な意味しか与えられなかったと言ってよい。明治維新以来、殖産興業の中心は繊維製品で、これで外貨を少しでも獲得しようというのが国策だったから、ここに焦点を絞ったのだろうが、以後、意匠という言葉がdesignにまとわりつくことになった。

現在、デザインという概念は、平面的な図案や立体的な形態に留まらず、プロダクトデザイン、システムデザインという言葉があるように、仕組みを調整する、という意味まで含むようになった。一八九九年に意匠条例は意匠法に衣替えされたが、現在、国際化に伴って著作権や工業所有権が最前線の問題として浮上しつつある。これをにらんで二〇〇六年にも意匠法の改訂がなされたが、法律というのは面白いもので、いまだに意匠という言葉を冠して使い回しているところがいかにも苦しい。

このあたりは、建築分野も同じことをやっている。もともと江戸時代には、建物を建てることを一般的には「普請」と言っていたわけだが、architectureという輸入語が入ってきて、それを当初は「造営術」と訳し、「造家」と訳し、どうも「家」を「造る」というイメージだけじゃまずいから、以前からまれに使われていた「建築」という言葉を当てた。普通に考えれば、「建物」はbuildingであり、そうでない得体の知れない何者かがおっ被さっているのがarchitectureということになっているのだが、どうも明治の日本人はメタフィジカルな概念を伴った言葉を理解出来なかったに違いない。architectureという言葉に無理矢理「建築」という言葉を当てはめて、今日に至るも使い回し、そのために混乱を来たしてきたと言える。このあたりのことはここではあまり深入りしない。

「建築」は「建物」とは違う。モノとしての建物をつくる構築的な意志、とでも呼んだ方が良い。だから建築というのはメタフィジカルな概念であり、建物をつくる以外のところにも使われる。デザインも当初具体的なガラを言い表す「意匠」「図案」と解された。しかし、これらはいずれも表象であり、それ故、限りなく抽象概念に近い。だから、建築界が「建築」と「建物」を混同したようにはならなかった。我々が、あの「建築」は良くない、と言う時は、「建築」のことを言っているのか「建物」のことを言っているのかわからない。それに対して、あの「デザイン」が良くない、と言う時は、その表象として良くない、ということを言っているわけで、素材が良くないとか性能が良くないとか言っているわけではない。そう考えれば、「デザイン」という言葉は、「建築」ほど混迷しているわけではない。

## Gマーク

グッドデザイン賞（通称Gマーク）は、年に一度行われるデザインに関する表彰制度だ。時たまGのマークの入ったコマーシャルや製品を見かけた方もいるはずだ。たぶん、建築界ではGマーク設立経緯のことはほとんど知られていないので少し説明をしておきたい。

一九五七年に戦後の経済復興と輸出振興を目指して、「グッドデザイン商品選定制度」が立ち上がって間もない通商産業省の所管で始められた。通産省のミッションは何といっても輸出振興だ。海外に出ていくに足る産業を育成し、外貨を獲得しなければならない。そのためにはデザインが重要だ。

立ち上げの頃のメンバーを見ると、建築家が数多く関わっていることがわかる。丹下健三、清家清など錚々たる建築家たちやグラフィックデザイナーの亀倉雄策が参画している。初代の委員長は坂倉準三である。建築家を軸として生活産業を中心に国際競争力を持った工業製品をつくり出そうとした意図が窺える。

長らく役所の指導の下にあったこの制度も、四〇年を経て一九九七年に民営化され、独立自営の道を歩み始めた。二〇〇六年に創立五〇周年、民営化一〇周年を迎えた。現在、ナノテクから家電製品、自動車から建築や都市、さらには環境やデジタルコンテンツまで、その範囲を広げた。応募作品は三〇〇〇点を超え、ありとあらゆるデザインが一年に一度、一堂に会する大イベントになっている。

一次審査を通った二三〇〇点余りが、二次審査の後に東京ビックサイトで公開される。この催しは三日間で四万人の入場者があり、ここに来れば現代デザインの趨勢がわかるようになっている。東南アジア諸国との連携も模索しており、Gマークは今やドイツのiFデザイン賞やred dot賞、イギリスのブループリント賞に並ぶ世界的なデザイン表彰制度に育ったと言える。ちなみに昨年は、建築環境分野は、住宅も含めて合計六〇九点もの応募があり、一六一点がGマークを獲得し、三点がベスト一五に選出され、金賞を受賞している。この分野がここまで育ってきたのは芦原太郎さんの功績による。この分野は、様々なプロダクトが使われるベースとなる生活空間や都市空間の応募だ。ここが充実しないと、本当の意味で生活が豊かになったとは言えない。この分野の応募がさらに活気を帯びることを期待している。

海外のデザイン状況

ここ数年の話題は韓流デザインの台頭だ。テレビドラマや映画だけではないのだ。その勢いはデザイン界にも押し寄せている。好き嫌いや賛否はあるものの、韓国メーカーのデザインの洗練には目を見張るものがある。携帯電話、冷蔵庫などの白物家電、自動車など、我が国メーカーのデザインを凌ぐものが出始めている。謙虚にその優れているところを学ぶ時期にきているのかもしれない。

韓国のデザインが今日に至ったのにはそれなりの理由がある。一九九八年に韓国の金大中大統領が訪英した際、当時首相だったトニー・ブレアと共に「二一世紀デザイン時代宣言」という共同声明を発表した。つまり、デザイン振興を国家戦略のひとつとして捉え直す、という決意表明だ。以後、それぞれ異なるやり方でデザインを輸出振興策の重要なアイテムにしていく。

ここで注目すべきは、韓国のやり方だ。産業資源部傘下にあったデザイン振興院を強化し、まず大企業幹部にデザインの重要性を認識させるように働きかけた。そして、将来不足するであろうデザイナーを育てるための教育政策を拡大させた。その結果、一九九三年には一五九〇〇人だったデザイン学校の卒業生が、二〇〇七年には三八〇〇〇人になったという。圧倒的に層が厚くなったのだ。この中から優秀なデザイナーが出てくる。また、中小企業でデザインの仕立て方次第では国際競争力を持ちそうな企業にデザイナーを紹介し、製品開発をさせた。

韓国独特のこうしたトップダウン型の施策が、一〇年を経て実を結びつつある。大きな施策は、やはり種を蒔いてから果実がなるまで一〇年はかかる。もちろんデザインだけでなく技術開発もあるが、ある報告では、二〇〇二年に世界二五位だったデザイン競争力が、二〇〇七年には九位に上昇している。

ＮＨＫの特番で、韓国メーカーと我が国のメーカーの携帯電話の開発を追ったものがあった。印象的だったのは韓国メーカーの機動性だ。我が方は、技術開発部門、マーケティング部門など、組織内の合意を得るために会議を積み重ねていく。従来なら商品化の最後の段階で加わるデザイナーを早い段階から参加させるが、なかなか合意に至らない。一方、韓国メーカーの方は、顧客のニーズをいち早く捉えて短い時間で対応していく。冷静に見れば、一長一短はある。

我が国の携帯電話事情は、よく知られているように回線会社と複数のメーカーのチームで対応している。仕事の仕方が複雑なのだ。しかし、携帯電話の開発で見えてくるものは、何もデザインに限ったことではない。建築や都市開発のプロセスで起きてくることとまったくの相似形だ。ちなみに、韓国ではソウルのチョンゲチョンという日本でいうと日本橋のようなところを流れる川を蘇生させるために、その上に走っていた高架道路を取り壊したことは記憶に新しい。大胆なトライアンドエラーは気風なのだろう。そこまで性急に動かすことはないと思うが、組織内合意を重視する我が国のやり方も度が過ぎていると思えなくもない。

いずれにせよ、プロダクトについて言えば、エンドユーザーに届けられる段階の最終商品には、何らかのかたちでデザインが重要な役割を果たすわけだが、プロセスの複雑さに足を取られて明確な戦略が持てていない。デザイン分野と同じことが、建築・都市・土木にも言える。都市をどうにかしようとすると、縦割り行政の壁をくぐり抜け、積層した制度を重ね合わせてそれを突破せねばならない。つまり、手続きの複雑さに足をすくわれて、強い戦略を持てない、というのは同じではないか。戦略なき場当たり的な戦術に終始している、と言ってもよい。

## 土木とデザイン

二〇〇一年以降、土木分野(東京大学社会基盤学)で教鞭を執っている。わたしのミッションは、経済性と安全性にのみ重きを置いてきた土木に、デザインという思想を持ち込むことだ。これまで土木では、デザインと言えば「単なる飾り」としか考えられてこなかった。これをむしろ、この分野のコアな価値のひとつなのだ、と言いたいのだが、これに理解を得ることはなかなかたいへんだ。

正直に言えば、建築やデザインという言葉に対するアレルギーがある。この偏見を乗り越えるのが予想以上に難しい。わたし個人は、「土木」というのはメタフィジカルな概念ではないので、「建築」も「デザイン」もここに被さってくるのは当たり前だと思っている。つまり、ヨーロッパのように、土木技術者も技術に対する広い視野と人間に対する深い感性を持っている人は、建築家と呼んでもよいはずだ。土木分野のデザインに関するパイオニアである中村良夫や篠原修は、まぎれもなくその意味での建築家である。

土木の分野にも、ル・コルビュジエやミースに匹敵するような英雄的なパイオニアがいる。イザムバード・キングダム・ブルネル（一八〇六〜五九）、コンクリート橋のロベール・マイヤール（一八七二〜一九四〇）、斜張橋のフリッツ・レオンハルト（一九〇九〜九九）。彼らはみな建築家よりも建築家的である。

グレート・ウェスタン鉄道の技師となったブルネルは、何でもやった人で、クリフトン吊り橋（一八六四）、テムズ河底トンネル（一八六四）、パディントン駅（一八五四）などの鉄道建築、最後は大西洋航路の旅客船まで設計している。二〇〇二年のBBCによる「歴史上の偉大な英国人」調査ではウィンストン・チャーチルに次ぐ第二位だった。スイスで活躍したマイヤールは、建築で言うとオーギュスト・ペレ（一八七四〜一九五四）のような先駆的な役割を果たした人で、サルギナトーベル橋（一九三〇）に代表される美しい鉄筋コンクリートのアーチ橋の設計で知られる。工場や倉庫など建物の設計もしている。サンティアゴ・カラトラバに至る系譜をつくったレオンハルトは、第二次大戦中はアウトバーンの設計にも関わり、戦後は斜張橋のパイオニアとして知られた。

これらの人たちの設計したものはどれも美しい。プロポーションに対する感性が素晴らしく、それが揺るがぬ美意識に支えられている。新しい技術に挑んだだけではない。新しい技術、それは人びとが見たこともないような姿形をしている。それが出現した時、受け入れがたく醜い姿形をしていたら、社会に流布しなくなってしまう。何としてもそれを社会に受け入れてもらおうとすれば、その技術の精神を美しい形態へと昇華しなければならない。さらには、その構造物が人びとを不安がらせないように安定した姿で見えるためには、その場所の地形や地勢にうまく適合したものでなくてはならない。また、長い組積造の歴史の中で培われた文化にも、その場所の歴史にも、敬意を払うものでなくてはならない。先人は、これらのことを意識せずとも当然のマナーとして心得ていた。こんなことは、言葉にして語るまでもないことだったのである。それが本当の意味での文化というものだ。

## 「技術の翻訳」「場所の翻訳」「時間の翻訳」

違う分野に属して、当然、人間関係も大きく様変わりした。付き合うのは土木関係の大学の先生方やエンジニアたちだ。着任当初、会う人ごとに「デザインはどういうものですか」と聞かれた。建築分野の人たちとの付き合いでは、ついぞ聞かれたことのない質問を真剣に聞いてくる。ほとんどの人は、建築家の考えるデザインについて大きな偏見を持っている。また、建築家の語る小難しい建築論や文化論に、根深い不信感を持っている。そして、建築家というのは、自己表現に耽溺している人種だと思っている。残念なことに、大きく外れてはいないだろう。しかし、わたし自身が土木に持ち込もうとしているデザインはそれとは違う。偏見を取り除き、そのことを伝えねばならない。

多くの場合、デザインとは何かを、短い時間でわかりやすい言葉で説明しなければならないのだが、説明に窮することも多かった。しかし一方で、自分でもこの慣用句をきちんと理解していないことに気が付いた。もともと弁が立つ方ではない。最も不向きなことをやっているという実感がある。要領よくキーワードを言って煙に巻くのは苦手だ。そこで考えたのが、次の三段階の説明の仕方だ。何かの折りに読者の役に立つかもしれないと思って披露するのだが、あくまでもわたしなりの整理の付け方、とご理解いただきたい。

まず、「デザインとは技術の翻訳です」と答えるようにしている。どんなに優れた技術でも、その素晴らしさが普通の人に直観的に理解されるには、ある種の翻訳が必要だ、と説明する。翻訳本を読んでいて、悪い翻訳の本に出会うと、原書の意味がわからないばかりか、あげくの果てに間違った理解に至ることもある。それに対して、非常に優れた翻訳は、原書よりも著者の書こうとした精神に肉薄することもある。いずれにせよ、翻訳するには深い理解と優れた言語能力が求められるのである。土木分野には、世界に誇り得る優れた技術がいくつもあるが、それが普通の人たちに理解されているとは言いがたい。だからデザインが必要なんです、と説いてきた。

そして、ある程度理解してもらえた人には、技術の翻訳だけでは不充分です、と言う。その技術が使われる場所に対する理解も必要だ。その土地の性格を読み解き、その土地にふさわしい技術の使われ方をするべきだ。したがって、「場所の翻訳」も大切なことを説いた。どんなに優れた「技術の翻訳」がなされても、的確な「場所の翻訳」がなされなければ、その土地に住まう人の共感は得られないからだ。ここまでくると難易度はだいぶ高くなってくる。たとえば、本四架橋(明石海峡大橋)は最大スパン一九九一mにも及ぶ世界に誇り得る素晴らしい技術で、それ自体は無駄のない優れた技術の翻訳がなされているが、その架け渡されている場所に上手くはまり込んでいるとは言えない。

そして、かなり理解が深い人に対しては、技術と場所の翻訳だけでは足りなくて、究極的には

「時間の翻訳」が必要なんです、と説明した。どのような場所であれ、そこに流れている時間がある。太古よりの地勢的な時間、歴史的な時間、場所には様々な時間がバインドされている。それに対する理解が欠ければ、つくられるものは未来の時間を生きていけない。だから時間の翻訳も必要なんです、と説くようにしている。

この最後の翻訳はとても難易度が高い。これは考えたり目標にしたりしても達成出来ないものかもしれない。叶わぬ望みとして、ひたすらそれに向けて努力する類いのものかもしれない。建築ならペレ、コル、ミース、トロハ、土木ならエッフェル、ブルネル、マイヤール、レオンハルト。その分野を切り拓いた先人たちは、技術の翻訳、場所の翻訳、時間の翻訳に腐心してきたのである。それは土木・建築を問わない。どんな分野でもそうなのだと思う。

## 建築・都市・土木の特殊性

さて、「翻訳」という説明の仕方は、建築、都市、土木のつくり手には通用するが、この分野の外にいる人には、もう少しわかりやすく説明する必要がある。建築、都市、土木は、地面との関わり抜きでは語れない。我々が当たり前だと思っているこの事実は、実は極めて特殊なカテゴリーを形成していると考えた方がよい。たとえば家電製品や自動車などの工業製品は、それ自体が独立した価値で、地面とはあまり関わりがない。

ところが、住宅は住むための機械である、といった言葉がモダニズムの理想的な柱のひとつになってから奇妙な事態が生じた。つまり、住宅を工業製品の延長にあるものと考える。その意味では、建築もプロダクトも、モダニズムというくくりの中で同調していた、と言うことが出来る。

これは画期的なアイデアだったと思うのだが、それは土地との関わりを断つ、という宣言でもあったはずだ。だから、モダニズムの理想型は、白く、そしてピロティで宙に浮いている必要があった。建築と同じくデザインも、近代以降の正当な系譜をたどればバウハウスということとなる。グロピウスは生活文化全体の創造を思い描いていたに違いないから、そこには建築もインダストリアルデザインも境界線はなかった。シンケルを尊敬し、さらにシンケルが理想としたあらゆる職種が高い技能を持って共同体を形成していた中世。有名な同心円状の教育プログラムの図は、そのことを端的に表している。

モノをつくる側にいない人には、つまり翻訳する側ではなくて翻訳されたものしか見たことのない人には、いくら翻訳と言ってもわからない。そういう場面では、「モノ」と「ヒト」をつなぐもの、と説明する。もう少し詳しく言えば、「モノの論理(技術・場所・時間)」と「ヒトの論理(心理・感覚・記憶)」をつなぐもの、ということだ。インダストリアルデザインやグラフィックデザインまで広げたデザインの意味はこちらの方が説明がしやすい。

## 一九六〇年の世界デザイン会議

「建築」と「デザイン」が奇跡的に出会い、相互に刺激し合った瞬間がある。一九六〇年に東京で行われ、その後の六〇年代の建築とデザインの趨勢を決めた「世界デザイン会議」だ。もともとアスペンで行われていたデザイン会議のようなものを日本でやりたい、というところから企画された。

日本側で中心になったのは建築家の浅田孝(事務局長)。副委員長にデザイナーの柳宗理。日本からの建築家は、主だったメンバーだけでも、坂倉準三(委員長)、丹下健三(副委員長)、前川國男、西山夘三、芦原義信、清家清、菊竹清訓、黒川紀章、槇文彦。デザイナーは、河野鷹司、亀倉雄策、粟津潔、杉浦康平、田中一光、栄久庵憲司。それに評論家の川添登、浜口隆一、勝見勝が加わった。海外からの建築家は、ルイス・カーン、ポール・ルドルフ、ミノル・ヤマサキ、ピーター・スミッソン、バルクリシュナ・ドーシ。デザイナーは、ハーバート・バイヤー、ブルーノ・ムナーリ、ソウル・バス、マックス・フーバー。聞いたことのある名前だけをピックアップしたがきりがない。実にすごい面子が一堂に会したものだ。

「個性」「実際性」「可能性」とテーマごとに三つの部会に分かれ、六日間のセッションが繰り広げられた。「個性」の部会では、「個別性」「地域性」「世界性」、「実際性」の部会では「環境」「生産」「コミュニケーション」、「可能性」の部会では、「社会」「技術」「哲学」、といったレクチャーと議論が繰り広げられた。ちなみに、我が国の六〇年代の建築シーンを決定づけた「メタボリズム」は、このデザイン会議のために川添登、菊竹清訓、黒川紀章によって創案された主張だ。この会議の雰囲気を共有し合った建築家とデザイナーが、その後の社会状況を大きく牽引することになった。

一九六〇年のこの会議から五〇年近くが経つ。高度経済成長、東京オリンピック、大阪万博、バブル経済、様々な出来事を経て、建築もデザインもその役割と価値をブラッシュアップし再点検する時期にきているのではないか。都市問題、環境問題、地方の問題。我々の身の回りの問題を挙げれば切りがない。これを乗り越えるには、もう一度分野を超えて社会が向かうべき方向を共有すべきなのではないか。

## 拡散と成熟／景観の意味

「建築」という概念も「デザイン」という概念も、建築家だけのものでないし、デザイナーだけのものでもない。本来は領域を越えてスーパーバイズする概念であるにもかかわらず、専門領域がその価値と権域を囲い込んでいるだけだ。ふたつともメタフィジカルな人の思考の中にある。これらはあらゆる物事に侵入し、関与し、コントロールし得る概念だ。

いつの世もそうだが、技術革新や社会変革のスピードが早過ぎると、旧来の価値観の下にまとまっていた個別の分野は、拡散し分化する。建築と土木も、建築とデザインも、西欧の歴史に即して言えばルネサンス以前はそれぞれ有機的に関連した一体的な英知だった。我が国で言えば、茶室や数寄屋や書院といった空間価値に束ねられていた工芸や建築や造園などを含む統合的な領域が、明治という激変を経て、また戦後は、復興と高度経済成長という激変を経て、バラバラになっていく過程と見ることも出来る。その都度、様々な建築運動や芸術運動は、それを統合しようとしたが、時代の変化はそれらが寄り集まってひとつの価値となる時間をつくらなかった。建築でいえば、ウィーン工房やアール・ヌーボー、そしてバウハウス、我が国では分離派運動やメタボリズムが、一瞬それを可能にしたかのように見えはしたが、ついには激動の波に飲まれてバラバラになっていった。実に近代という流れは予想外に速いのである。

我が国の人口がピークに達する直前の二〇〇四年に「景観法」が施行された。不思議な法律である。何をしろ、何をしてはいけない、とは書いていない。行政団体が景観に関するルールを決めたら、それに従わねばならない、という法律だ。これだけ聞けば、何ということもなさそうに見えるが、そうではない。これは戦後行政ではこれまでアンタッチャブルだった個人の私有財産権に、社会的な合意があれば一定の制限を与えるということに他ならない。

自分の敷地の中で何をつくろうが勝手だ、とばかりに一人ひとりがバラバラにやってきた結果、日本の都市や街は今のようになってしまった。この反省から起きた施策だ。建築家は私有財産権という法的な囲いの中で、好き勝手をやってきたのである。もともと景観の問題はモラルのレベルの話であり、法律で縛る類いのものではない。本来は、建築家自身が自ら律してつくり出す類いのものだ。しかし、冷静に見れば、建築家は長らく依頼主の願望成就しか頭になかった。仮に、街や風景のことを考えていたにせよ、そんな意見は聞いてもらえなかった。だから、施主との共犯で作品をつくる、そのことに救いを求めるしかなかった。いずれにせよ、事態が放置されてきたのだから仕方ない。心ある建築家諸氏は、この法律が出来たのを、恥ずかしいこと、と思ったはずだ。

「景観法」が意味するところは、「景観」という価値の中に、デザイン、建築、都市、土木をまとめていく、ということだ。これまで勝手気ままにやってきた人は、これを息苦しいと感じるだろう。しかし、人口減少と少子高齢化は避けては通れない。この傾向は、世の中を今までより落ち着いた成熟化へと向かわせるはずだ。それを取りまとめるキーワードが「景観」という社会的な合意なのだ。

そしてここで注意を喚起しておきたいのだが、「景観」は「モノの論理」よりも「ヒトの心理」に近いということだ。あくまでも受け取る側のイメージの問題なのだ。言い方を変えれば、「モノの論理」に近い建築的思考も欠くことが出来ないのはもちろんだが、「ヒトの心理」に近いデザイン的思考がこれまで以上にクローズアップされざるを得ない、ということだ。

本稿では、デザインに関する情報を提供し、デザインに関して論じることを通して、ひとりでも多くの建築家にデザインに関心を持ってもらうことを目的とした。また、近年ますますわかりにくくなってきている「建築」と「デザイン」という言葉の指し示す領域を比較することによって、その相補的な価値を浮かび上がらせてみようと試みた。不足のところは多々あるとは思うが、わたしなりの考え方を提供して、多少なりとも建築界にこれまでとは違った方角から刺激を与えたい、という希望があったことは言うまでもない。

# まだ見ぬ二一世紀デザインを待ちながら

## グッドデザイン賞審査委員長メッセージ　二〇〇九

わたしたちの生活を豊かにするもの、それを一所懸命につくっていけば、やがて多くの人たちに支持され、スケールメリットが生まれ、それが輸出商品として外貨を稼ぎ、最終的に我が国の経済を潤す。戦後、我が国の大多数の人たちはひたすらそう信じてこの道をひた走ってきました。この構図は現在でもあまり変わってはいないようです。「我が国は島国であり資源もないのだから」などという文句を小学校の頃からいやというほど聞かされて育ちました。

確かにその通りだと思う反面、時代は別の局面を迎えているということも考えないわけにはいきません。

### 量から質へ

ベルリンの壁が壊れ、冷戦が終わり、あれから二〇年近くを経て、新たな世界の構図が見えてきています。巨大な消費国家であったアメリカの足踏み、ものすごい勢いで突き進む中国やインドの躍進、韓国をはじめとするアジア諸国の台頭、世界情勢は流動化するばかりですが、これを次の時代を模索している過程と見ることも出来ます。

こうした状況に、我が国の製品は流れ込んでいくわけですが、当然のことながら価格では勝負が出来ません。これからはこれまで以上に、我が国の物づくりのレベルの高さを価値として売らねばならないでしょう。つまり、「品質とデザインとそれらを組み合わせたブランド力」です。量的な価値から質的な価値へ、頭を切り替えることが喫緊の課題です。

環境問題は新たな産業とライフスタイルの創出を促しています。しかし、地球が温暖化するから環境問題に取り組むのだという姿勢は、わたしはあまり好きではありません。我が国のようなある程度いろいろな削減が進んでいる国では、やせ我慢のような切り詰めた雰囲気が漂います。要するに、対応の仕方が生真面目過ぎて暗いのです。

あくまでもこの流れを大きな産業戦略として捉えるべきです。これを仕掛けられたゲームと捉え、この新しいゲームに勝つための戦略を創出するべきだと考えます。やせ我慢ではなくて、新たな価値の創出と考えるべきです。ここにデザインの役割があります。デザインには、社会的な雰囲気を醸成し、広く生活者にその価値を広めていく力があります。

国内に目を転じると、新たな問題が顕在化しつつあります。二〇〇五年、我が国の人口は一億三五〇〇万人をピークに減少傾向に転じました。わたしは、「増加傾向」の社会と「減少傾向の社会」は、全く違うパラダイムなのではないかと思っています。言うまでもなく、我が国の価値観も制度設計も税制も、その骨格は一九六〇年前後の高度成長期にあらかた形成されており、低成長を前提とする時代の大きな変貌の中で、その落差が現在起きている様々な問題を誘発しているのです。わかりやすく言えば、高度成長を前提とした制度設計が、低成長を前提とした成熟社会へと移行する上での障害になっているのです。

この谷間を埋めるには、政策や技術による量的な力だけでは無理があります。新しいパラダイムに対してイメージを共有すること、つまりその社会がどのような生活の質をもたらすのか、広い意味でのデザインの戦略的な力が求められているのです。

小泉内閣以来の都市再生政策もようやく全貌を見せ始めています。都市再生特区を中心に大都市は何とかなっていくでしょう。それでも、都市全体のパワーとしては、他のアジア諸国の都市と比べて相対的に落ちていくでしょう。都市も、量から質へと価値の比重を移さなければ、誇りを持ちにくくなるはずです。都市間競争も激しくなります。これからは、「都市が人を選ぶ時代」から、「人が都市を選ぶ時代」になります。都市の質、つまり快適性や姿形、すなわちデザインが都市の力になる時代が到来しつつあります。

しかし実は、本当に大きな問題はそれ以外のところにあります。地方都市の疲弊は目を覆いたくなるほどです。戦後の植林で疲弊した国土を覆い尽くす疲弊した山野。国破れて山河あり、というのは昔のこと、今や、国破れて山河なし、です。さらに農山村に目をやれば、過疎と高齢化が復元のリミットを超えた限界集落が、野火が広がるように急速に国土を埋め尽くしつつあります。問題山積です。しかし、誰も次の社会を思い描けないでいます。国土も量から質への転換を迫られているのです。ここにもデザインの力を結集すべきです。

## デザインに何が出来るか

デザインはモノとヒトをつなぐメタフィジカルな概念です。したがって、本来、あらゆる物事に被せて考えることが出来る「魔法の杖」のはずです。ですから、この仕事に携わるすべての人に問いたいのです。デザインが世の中を豊かにする「魔法の杖」であるとするならば、この流動化する世界の中で、あるいは身の回りの生活において、デザインに何が出来るでしょうか。

我が国のデザインは、アジア諸国に比していまだに国際競争力を持っていますか。デザインは環境戦略のゲームを戦えますか。デザインは地方の困窮を救う力になりますか。こんな思いがつのります。もちろん、自問自答です。

## 何がグッドか

「何がグッドか」を問い続けて五十有余年、グッドデザイン賞は今年も「何がグッドか」を問い続けました。デザインは世の中を豊かにするはずだ、そして生活者に支持されたものが次の時代を築くことになる、そのための大きな方向付けが審査です。それが審査委員約七〇名の共通する思いです。

二〇〇八年、グッドデザイン賞は「近未来の生活者の立場に立って、何がグッドかを審査する」という大方針を立てました。五〇周年の歴史を経て、「サプライサイドからディマンドサイドへ」、審査の立ち位置を変える大変換です。高度情報化社会においては、生活者の情報量が格段に高くなります。生活者が物づくりを誘発するのです。生活者、それも近未来の生活者が求めるところにより良く応えたものがグッドである、という方針を立てました。

二〇〇九年度もこの方針に変わりありません。これに応えて、昨今の景気の不穏な動向にもかかわらず、今年度も例年と変わらぬ多くの応募をいただきました。デザインを核に商品やサービスを開発していくのだ、という応募者の強い意気込みを感じました。これがこの国の底力です。それを実感しました。

今年の大きな傾向は、やはりエコでしょう。エコはもはや声高に叫ぶものではなく、当たり前のことになりつつあります。イデオロギーとしてのエコから日常感覚のエコへと時代は変わりつつあります。エコを前提としてどのようなデザインが可能なのかが焦点になりつつあるのです。この流れはしばらく変わらないでしょう。

エコがグッドであることは当たり前のことです。今日的な問題は、それをどのようにデザインという価値に置換出来たか、生活者にとってわかりやすく魅力的な価値として提示出来たか、ということです。「どのように」、そこに「何がグッドか」の新しい指標があるように思います。

## 過去・現在・未来

二〇〇九年度は、「グッドデザイン・フロンティアデザイン賞」という新たな評価の枠組みがつくられました。これまで、実験的な試み、中長期的な未来を見つめた先進的な取り組みについては、主に新領域デザイン部門で扱ってきたのですが、それをどのように評価するのか、毎年のように議論されてきました。市場の選別を受けていないものを通常のグッドデザイン賞の応募作と同じテーブルで審査してよいのか、という意見がある一方、そうした意欲的なフロンティアこそ奨励すべきだ、という意見もあります。

この疑問を解決するべくつくったのが「フロンティアデザイン」の枠組みで、その優れたものを「フロンティアデザイン賞」として表彰することにしました。今年度は、新たに創設されたこの賞への期待度が高く、意欲的な応募作が多数寄せられましたが、賞の価値を高めるため、受賞数をかなり絞り込みました。いずれも近未来を予感させるものばかりです。「フロンティアデザイン」の健全な発展が、新しいデザインの地平を切り拓くと信じています。

すでに昨年度から、長い年月販売されてきた息の長いデザインを「グッドデザイン・ロングライフデザイン賞」として表彰する体制を強化してきました。時代を超えて市場に支持されてきたデザインを扱う「ロングライフデザイン賞」、コアには現在の暮らしを支える「グッドデザイン賞」。これらに加えて未来を切り拓く「フロンティアデザイン賞」を設けることで、「過去・現在・未来」と時間軸に沿って評価出来るようになりました。

## 審査について

例年、グッドデザイン大賞の決め方は議論の的になります。これまで、二次審査で金賞に当たるベスト一五を決めた上で大賞候補として五作品程度を選出し、受賞式の日にその作品に関するプレゼンテーションをしていただき、グッドデザイン賞受賞者と審査委員による投票が公開で行われ決定されてきました。大賞の選出はいわば人気投票で、我々審査委員の審査の外にあります。そうであるなら、今年はベスト一五全作品を大賞候補にしてプレゼンテーションしてもらおう、ということになりました。

いずれにしても、これまでの決定の仕方では、その場の雰囲気や投票する人の思惑が反映されます。人気投票で決める、というところに問題がないわけではありません。来年度以降も試行錯誤していく必要があると思います。本来は、最後まで責任を取るという意味からも、審査委員の意志を明確に示して決定するものかもしれません。

## 予想と希望

最後に、わたしなりの希望を込めた予想を述べたいと思います。

デザインには「近未来を先取りする直感力と戦略性」が、これまで以上に求められるようになるはずです。また、「生産者と生活者のマインドをつなぐもの」として、それらの「信頼関係を構築するもの」としてデザインを捉える必要がこれまで以上に出てくるはずです。最終的には、これらのことをより迅速に達成するために、デザインを「企業戦略や都市戦略のコアに位置付ける」必要が出てくるでしょう。

グッドデザイン賞は、時代を映す鏡のような存在です。この鏡を覗き込むことによって、時代もより高いレベルへと変化していくはずです。我々の役割は、この鏡をより公平なものへと磨き上げていくことです。これからもグッドデザイン賞は、熱いデザインのプラットフォームであり続けたいと思っています。

# 鉄道の時間・街の時間・設計の時間　二〇〇九

時間の長さに耐えられるか

時代の変化を機敏に映し取っていくのが建築界の風潮だとすれば、いかにも流行らない建築のつくり方をしている、という自覚はある。鉄道高架事業は精も魂も使い果たすほど手間と時間が掛かる。この長さに耐えるには、それに合わせて建築表現の速度を落とさねばならない。

明治以降、鉄道の敷設と共に多くの街は発展し、城下町の構造を残したまま、駅を中心とした街へと半世紀をかけて衣替えしてきた。しかし、かつて街外れを抜けていた鉄道は、今やすっかり拡大した市街地に飲み込まれてしまった。そして、自動車の時代である。何本もの道路が整備され、その都度踏切がつくられていった。自動車の交通量が増えるに連れて踏切での渋滞が発生し、市街地の発展を阻害しているとされた。鉄道高架事業は、街を分断する鉄道を高架にし、市街地中心部で鉄道と交差する道路の踏切をなくすという目的を持っている。高架化は、結果として鉄道が道路に道を譲った格好だ。

通常、建築なら規模が大きなものでも設計に取り掛かってから竣工するまで五年くらいだろう。しかし、土木事業、とりわけ大規模な区画整理事業が絡む鉄道高架事業は、事業に着手してから二〇年以上掛かることも珍しくない。国・県・市・鉄道事業者・住民の連携が必要で、その長いプロセスの後半に駅などの建物の設計が具体化してくるのだが、それでも構想を固めてから竣工まで一〇年を超えるのが普通だ。先に発表した「日向市駅」は一一年（一九九七〜二〇〇八）、「高知駅」は一二年（一九九七〜二〇〇九）、「旭川駅」に至っては一七年（一九九五〜二〇一二）掛かる。どのプロジェクトも篠原修さんと二人三脚で取り組んでいるのだが、さすがにこの年月は重い。

設計者としてキツイのは、ある時点で立案したデザインを一〇年以上も変更出来ないことだ。時代も変わる、自分も成長する、当然考え方も変わってくる。しかし、無数の合意形成を組織間で積み上げてきているわけだから、変更は許されない。提案する内容が上滑りな流行に染まったものなら、出来上がる頃には時代遅れなものになってしまう。だから、少なくとも二〇年、可能であれば一〇〇年は古くならない内容でなければならない。

したがって、時代の影響を受けざるを得ない設計者の恣意性や思い入れは出来るだけ排除するべきだ。不易流行、変わらぬものを探し出し、それを土台に構想を固めるしかない。基本的な構造の枠組みと素材の吟味を厳密にすることが基本だ。

その上で、設計から竣工まで、興味を失ったり飽きてしまったりする内容であってはならない。どんな建物でも同じだが、一度でも設計者のプロジェクトに対する精神の糸が切れれば、出来上がる建物は「命」を授からない。だから、アイデアは必要だが単なる思い付きはかえって邪魔になる。設計の精度を上げていく、内容を掘り下げていく、という進化はあっても、基本的なアイデアは揺るぎないものであることが不可欠だ。そうでなければ、一〇年を超える設計の時間に耐えられない。これがなかなか難しい。

良いものをつくろうと思えば、設計にも少々のことではへこたれない胆力が要る。街の命運を決するようなプロジェクトに関われることは大きな「誇り」である。いろいろ難しいことはあるにせよ、長い歳月の試練に耐えられるのは、この思いがあってこそだ。「誇り」こそは胆力のエネルギー源だ。

高知駅

高知では一九九五年より全長四・一kmに及ぶ鉄道高架事業に取り組んできた。高知に駅が出来たのは一九二四年、以来五〇年近く人びとの記憶と共に街の歴史を刻んできた。一九七〇年に二代目の鉄筋コンクリート造の駅がつくられ、今回、鉄道高架事業に合わせて三代目の駅舎が出来上がった。

この駅に関わるようになったのは二〇〇三年、高架事業で委員会の委員になっていた篠原さんから、委員会に案をいくつか提案して欲しい、と依頼された。すでに委員会ではいくつか案が検討されていたが、それに最終的に決着をつけるために呼び出された格好だった。

これまでにいくつかの鉄道高架事業に関わっていたから、事業に関しての予備知識はあった。また、「牧野富太郎記念館」を手掛けたことで、高知独特の文化風土もある程度見当がついていた。明るく開放的、激しく荒い、熱しやすく冷めやすい、それでいて何かが内に籠ってマグマのように溜まっていく、そんな矛盾に満ちた気質を持っている場所だ。

当時知事だった橋本大二郎前知事とは「牧野」以来面識があった。知事は「木の文化県構想」というのを唱えていた。高知県は広大な山間地を抱える。林業を少しでも活性化させたいというのは至極当然のことだ。「牧野」では構造上の制約からベイマツを使わざるを得なかったが、今度の駅舎では県産木材の主力であるスギを使って欲しいという要望が早くから出された。

構造を川口衞先生にお願いし、いつも通りいくつもの可能性を探った。確か川口先生からの最初の提案は、高架の上にボールトを架け渡していく案だった。いろいろ検討した結果、高架上にシェルターを架ける「優美な案」と、高架を片側だけ跨ぐ「ダイナミックな案」が残った。

実はこの後者の案は、鉄道敷地を跨いで北側の駅前広場に着地する。鉄道事業は鉄道用地の中で完結するのが常識だから、これはルール違反で、鉄道駅としては革命的で面白いけれど、ほとんど不可能だと思っていた。

ところが、委員会に提案した次の日、地元新聞にデカデカと「かつお節か維新精神か」という見出しが踊った(『高知新聞』、二〇〇三年五月一九日)。「優美な案」は、模型で見ると鰹節に似ていたので冗談まじりに委員会でそう説明した。今から思えば失言だった。しかし、新聞にこう出てしまったら、高知なら維新精神の方を世論が支持することは明白だった。

プロジェクトの難易度は格段に上がった。何しろ前例がない。それでもやり遂げてしまうのが高知の気質なのだろう。新しいもの、誰もやっていないものが大好きで、いざとなれば実行力もある。中心市街地に向かって、木造の大架構がパックリと口を開けている。形ばかりでなく、決まり方も進め方も高知らしいやり方で、見たことのない駅舎が実現した。

## 旭川駅

日向市駅、高知駅、十数年前から取り組んで来たふたつの駅を何とか完成に漕ぎ着けることが出来たが、実は、これらのプロジェクトより前から取り組んでいる旭川駅は最も規模が大きいので、まだしばらく時間が掛かる。今回の発表は予告編のようなものだ。取り掛かったのは一九九五年、全体の音頭を執っているのは都市計画家の加藤源さん、各種委員会の座長は篠原さんだ。当初一五年掛かると言われた巨大なプロジェクトは、結局一七年掛かることになり、今はその一五年目、あと三年、最終局面に向かいつつある。これも構造は川口先生の協力を仰いでいる。

酷寒の地である旭川は、市街地の端に鉄道が走り、その外側に忠別川という美しい川が流れている。鉄道を高架にし、鉄道と忠別川の間に巨大な区画整理事業の用地を生み出すと共に、市街地と忠別川をつなげるという壮大なものだ。計画全体は全長三・五km、幅の広いところは一kmにもなる。三・五kmに及ぶ鉄道高架化の中心に駅舎がある。長さ一八〇m、幅六〇mの全覆い型のトレインシェッド、駅舎の巨大な屋根の架構は、鉄骨の立体トラスを四叉型の柱で支えるというものだ。

途中で検討したのは、「大架構案」というあだ名がついた三つのシェル状の架構が連なったものと、均等に細かく柱を立てた「樹林案」と委員会であだ名がついたふたつの案だ。最終的に、ふたつの案のよいところを組み合わせた現在の案に落ち着いた。現在は、駅舎に付随して出てくる細かな建築的な要素の調整や巨大な高架下の使われ方、最終的に街とつながるインターフェイスとなる駅前広場の調整などに取り組んでいる。

## 長い通過儀礼

建ち上がってからの時間に耐えられるか、というのなら建物の耐久性のことになる。ここで述べたいのは、建築という価値が、長い設計プロセスにおいて「時間に耐えられるか」ということだ。これはそんなにある話ではない。鉄道の高架化という特殊な事業に関わって、必然的に求められる特異な時間体験を説明しようと試みた。

長い時間と向き合うと、設計の質も出来上がる建物の質も、現在という時の感覚が奇妙に薄くなる。現在という時間がかけがえのないものであることは言うまでもないが、しかし同時に、それは小さな時間のピースでしかないことを思い知ることになる。

駅は鉄道と街の接点だ。駅は一貫して、どの地方にあっても新しい時代の予兆であり、訪れの象徴であった。庶民の目線からすれば、それは旅立ちや別れの場であり、旅人にとっては未知のものに出会う場でもあった。記憶、期待、旅立ち、出会い、いくつもの価値と人びとの思いが駅には畳み込まれている。設計に掛けられる一〇年を超える時間は、いくつもの価値と人びとの思いを畳み込んでいくための長い通過儀礼なのかもしれない。

建築という価値には、様々な時間に向き合う諸相が含まれており、それだけの可能性が秘められている。鉄道事業と街づくりという長い時間に向き合った設計のあり方と建物の現れ方は、これはひとつの極端な例かもしれないが、ここから逆照射され浮かび上がる現代建築特有の諸相もある。それはきわめて奇異で儚いもののように見える。

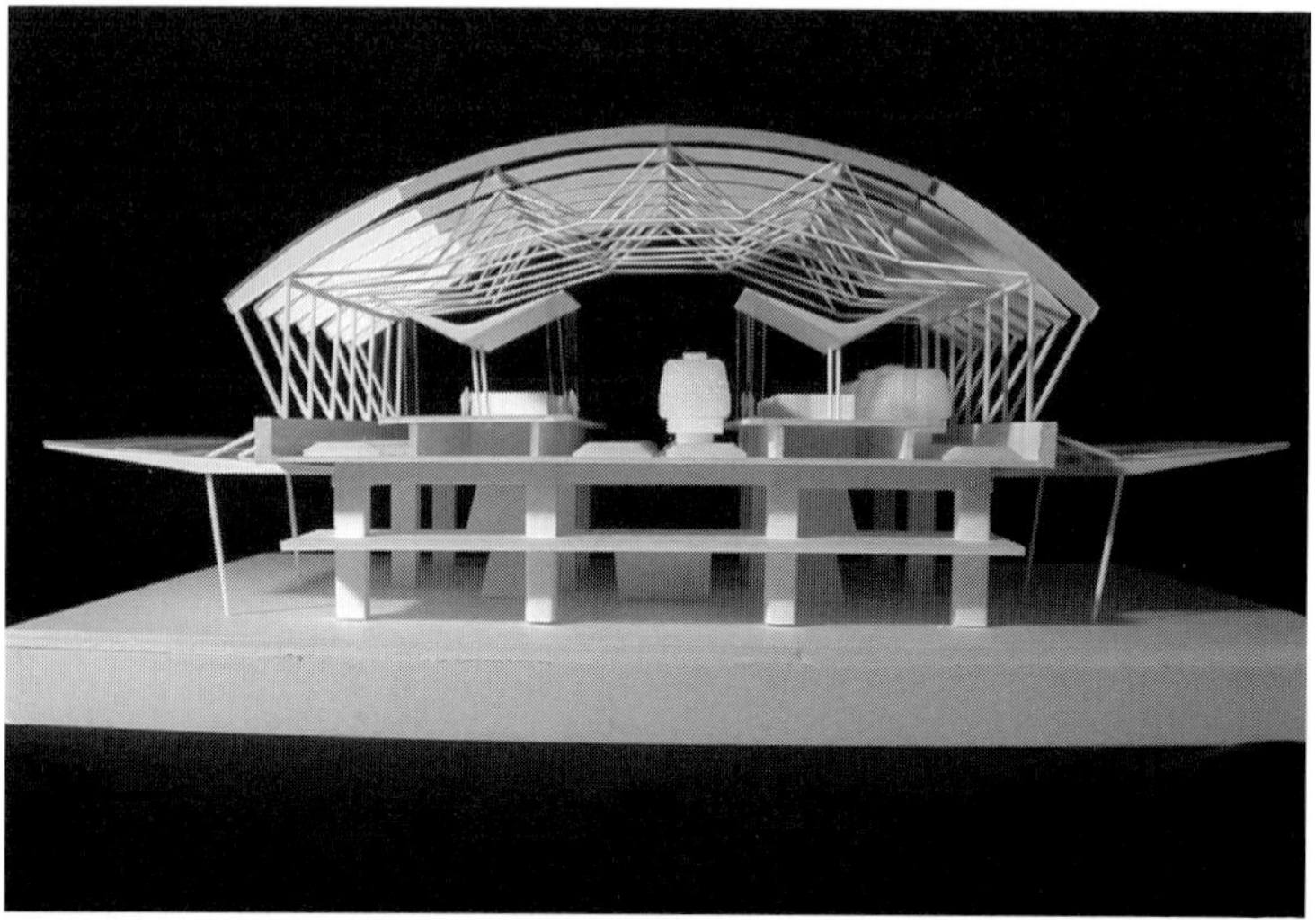

高知駅。高架上にシェルターを掛けるオーソドックスな案。高架が流線型なのでシェルターは三次元の優美なシェルになる。プレゼで「かつお節案」とあだ名を付けた。

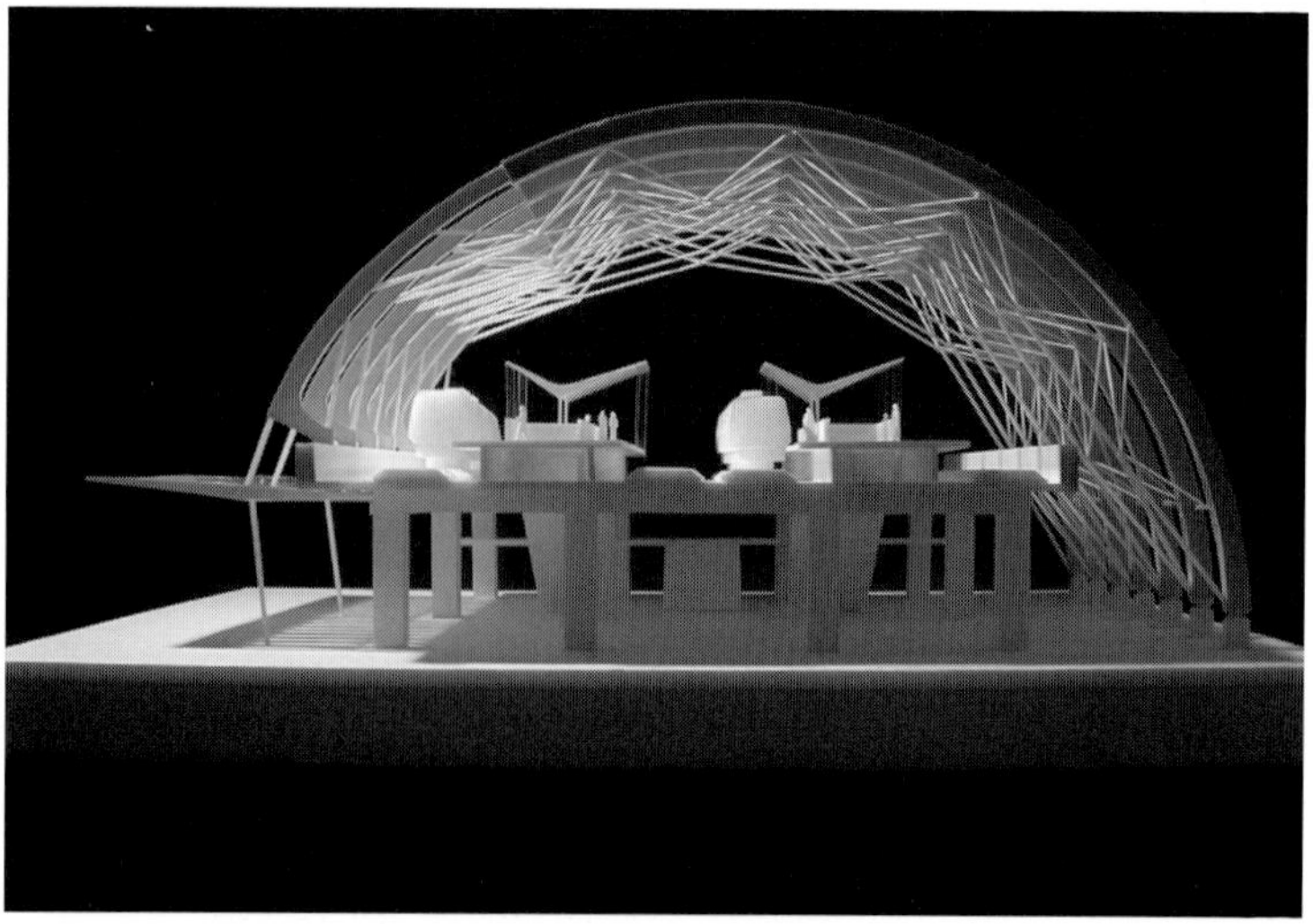

高架に対してダイナミックに掛けた案。鉄道線路敷の境界をシェルターが跨ぐのは前例がない。片足を高架の上に、もう片足を駅前広場に下ろしている。プレゼでは「維新案」と呼んだ。結果としてこの案が採択された。

高架を跨いだダイナミックな構造体が街のシンボルになっている。

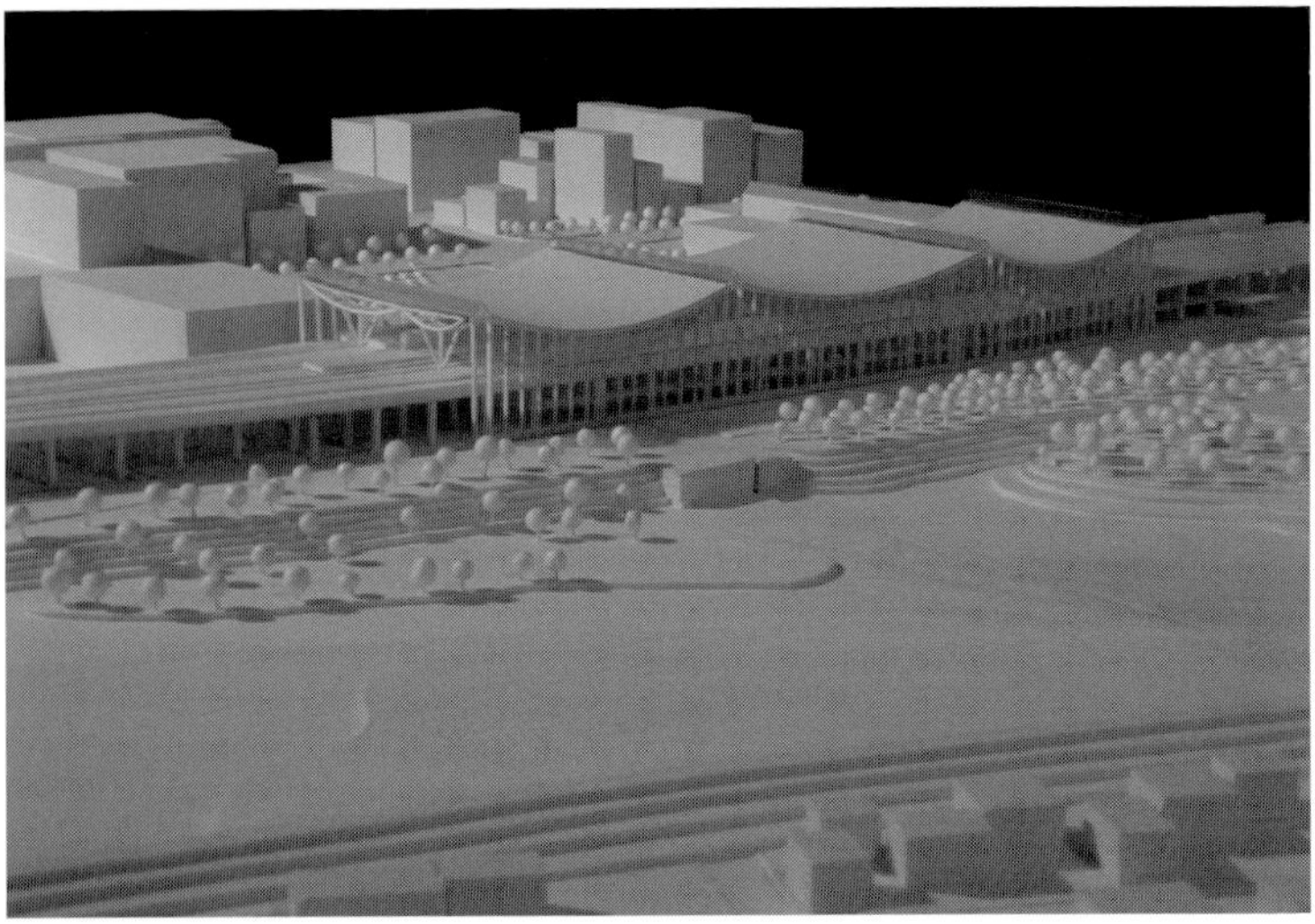

旭川駅。60m四方の下凸シェルを三つ連ねたダイナミックな大架構案。

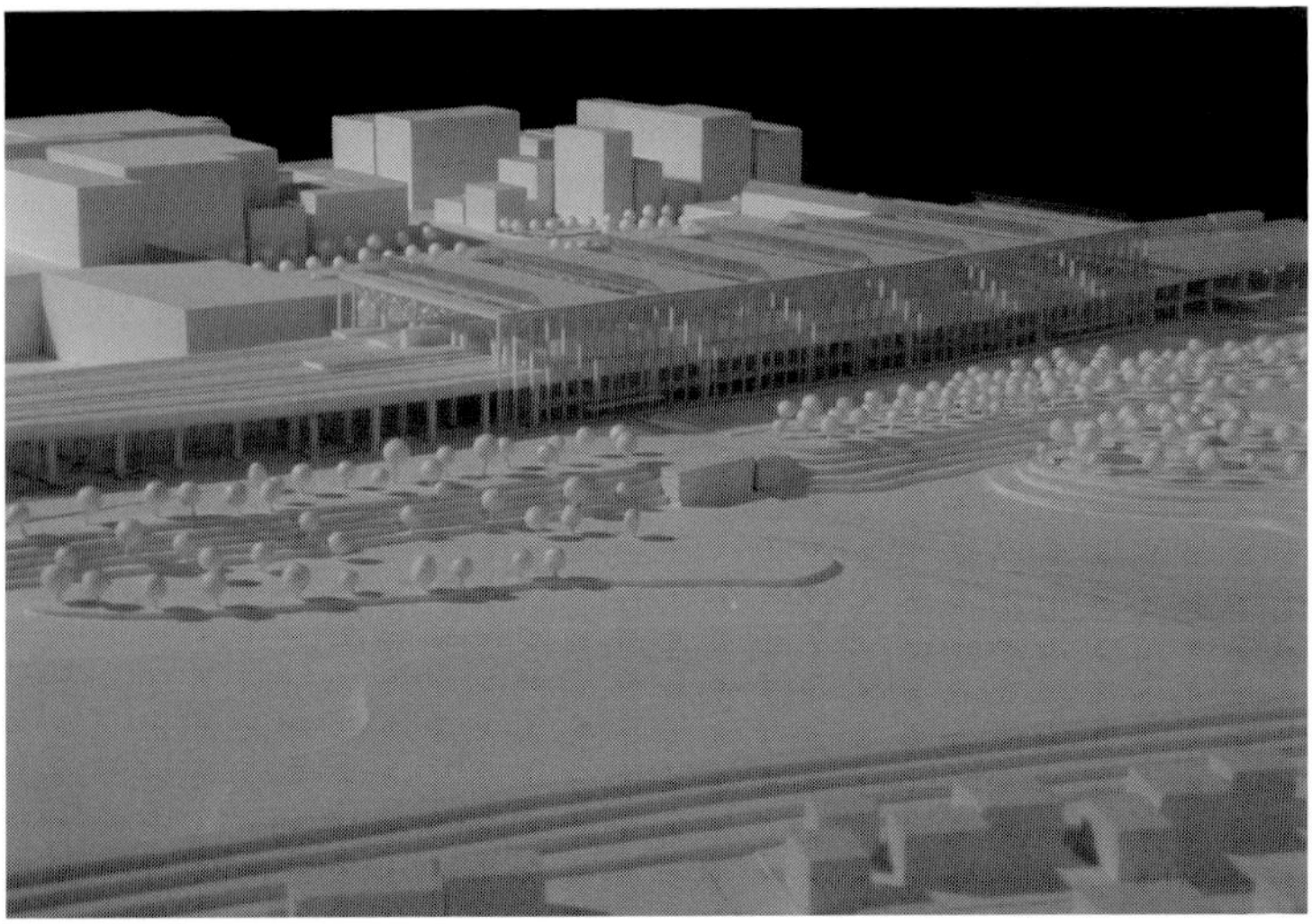

ホーム上に柱を林立させた樹林案。この案をベースに、屋根版を形成する立体トラスを樹状の四叉柱で支える最終案になった。

# 川のある駅　二〇一二

旭川駅舎の完成に際し、関係各位ならびに市民の方々に心から祝意を表するとともに、一設計者として、いくつもの難しい注文を聞き入れてくれた建設に関わった多くの現場の方達に、深甚なる謝意を表したい。

もとより、わたしとわたしの事務所のスタッフは、設計および現場監理に関わったのであって、実際にこの巨大な構造物をつくり上げたのは、現場で指揮を執った現場監督とその指揮のもと昼夜を問わず献身的に知恵を尽くし汗を流した無数の職方である。このことを念頭に、全体の経緯を知るものの一人として、わたしの知るおおまかな経緯を述べるところから始めたい。

## 突然の使命

まだきびしい寒さの残る一九九五年の早春のこと、紀尾井町にある加藤源さんの日本都市総合の事務所に呼び出された。東大の都市工学科の一期生であり、丹下健三のもとでいくつも大きな計画を手掛けられ、戦後の都市計画の草分けの一人である。おおよそのことは知っていたが面識はない。加藤さんとは初対面だ。今から考えれば、首実検、面接だったのだと思う。何事かと思っていたら、どうやら合格したらしい。後日、旭川の駅に関わってもらえないかとの依頼があった。

後から知ったのだが、加藤さんはわたしの高校の一〇年上の先輩であり、青春時代に過ごした共通体験を持っていたことが、通じ合える元になったのかもしれない。また、わたしを設計者として指名するに際しては、加藤さんは篠原修東京大学教授（当時）と相談して決めたらしく、その篠原さんとはこのプロジェクトをきっかけに深いつながりになっていく。五年後、篠原さんから請われて東京大学の土木学科、現在の社会基盤学科で教鞭を執ることになるとは、その時は夢にも思わなかった。

話を聞いて驚いたのは、完成まで一五年も掛かるということだった。建築なら設計から竣工まで三年、かなり規模の大きな建物でも竣工まで五年ぐらいで片がつく。一五年はいかにも長い。当時四五歳だったわたしも、完成をみる頃には六〇歳になっている。世の中も変わり、わたし自身の考え方も変わり、この歳月の中で何もかもが変わっているかもしれない。にもかかわらず、この歳月、設計作業を根気よく継続させ、また、常に情熱を傾け続けねばならない。街の命運を握る建物に関わる責任の重さとそれにともなう歳月の長さに耐える困難さを噛み締めたのを覚えている。実際には、事業の進捗は紆余曲折の上、ようやく駅舎の二次開業に至った。今後数年掛けて駅前広場を含む駅周辺の整備にあたる。一区切り付くまで全部で一八年は掛かることになる。

## 不易流行

後から土木の分野に身を置いて知ったことだが、この長さは土木関係の事業では当たり前のことだ。これでも短い時間の部類に属する。しかし、ここに流れている時間は、根本的なところで現代社会のそれとは異なる。建築のデザインは、普通ならその時代の傾向を色濃く反映するものだが、一五年先のこととなると見当もつかない。その時代の風潮に流されれば、一五年先には時代遅れになってしまっているだろう。

駅舎は街の中心であり、百年、可能なら数百年、街の移り変わりを受け止めていかねばならないはずだ。だから、その歳月を経ても変わらぬ価値を提示しなければならない。また、街の中心なのだから、駅舎は市民から愛されねばならない。だからその時代の空気にも通じていなければならない。今という時と遠い未来。プロジェクトに取り掛かるに当たって、この二つを架け渡す在り方を提示することを心に刻んだ。芭蕉が言った「不易流行」である。

## 初めての検討委員会

旭川のプロジェクト、すなわち限度額連続立体交差事業とそれに伴う巨大な区画整理事業はすでに数年前に立ち上げられている。事業の下地慣らしが出来て、いよいよその姿形を論じる段階に至っていた。わたしの役割は、駅舎と駅前広場のデザイン、そして高架構造物のデザインアドバイスだった。

正式には一九九六年に篠原さんを委員長に据えて「旭川鉄道高架景観検討委員会」が立ち上がり、そこに我々がつくった案を打診していく形で進んでいった。景観と名前を冠したところはソフトな印象を与えるが、実際は姿形のあらゆることを事業内容と進捗状況を見極めながらコントロールしていく中心的な役割を担っている。意思決定の中心には常に委員長である篠原さんがいた。

委員会に出て驚いたのは、その人数の多さである。北海道のそれぞれの分野の担当者と関係部局、旭川市も同様、そしてJR北海道。全部で一〇〇人近くは参画していたのではないか。多くの人を前にした篠原さんのリーダーシップの見事さには感銘を受けた。また、加藤さんの物事を整理していく鮮やかさ、大矢二郎さんの地元を熟知した上で案を着地させようとする姿勢にも強い印象を受けた。

この委員会は一九九八年まで継続し、駅のみならず駅や高架周辺のあらかたの大方針を決めた。その後、一九九九年から「旭川高架推進懇談会」に名前を変え、同じメンバーで現在も続いている。駅と高架、さらには駅周辺の在り方を決めていくコントロールタワーの役割を現在も担っており、行政側にも作業部隊の我々にもわかりやすい体制が確立されている。これだけの巨大な事業になると、実に多くの異なる組織や個人の思惑が入り乱れる。それだけに意思決定のターミナルがわかりやすいかたちで決まっていることが極めて重要だ。

全てが完成した後、駅舎のみならず駅周辺の姿、そこに流れる空気の質に、訪れる市民や来訪者がなにがしかのまとまった印象を持つとしたら、その成果はこの意思決定の仕組みを二〇年近く保持したことによる。これは尋常なことではない。事業の巨大さもさることながら、同じメンバーを保持しながらのこれほど息の長い取り組みは全国でも類例がない。

## 駅舎の提案

当初より条件として提示されていたのは、駅舎を全覆い型のトレインシェッドとすること、街の中心軸である買物公園の軸線を延ばし、自由通路(コンコース)を経て忠別川までつなげること。また、緑橋通の軸線をサブの軸として同様に川までつなげること、駅舎全体が透明感を持ち、街と河川空間を積極的につなげる役割を担うことなどであった。高架事業そのものが、立体化することによる交通事情の改善はもとより市街地を忠別川および新たに生まれる川側の街区をつなげることを意図していたから、駅舎に対するこの前提は都市計画的な全体像に沿ったものと言える。

四つのプラットフォームと七つの線路、これを処理するために必要とされる幅がおおよそ六〇m、プラットフォームの長さが一八〇m、これを覆わねばならない。巨大な構造物になるので鉄骨でつくることになる。これだけの大きな構造物を扱える構造の専門家は、そうそういない。とても重要な建物だから、建築構造の分野の権威である川口衞さんにお願いすることにした。

大架構案と樹林案

当初は、高架構造物の両脇一mに設定された区画整理の計画線の中で、列車振動などが予想される高架部分とは縁を切って、地面から建ち上がる構造体を考えた。川口さんの最初のアイデアは驚くべきもので、許された一mの幅を巧みにかわして大きな梁を架け、一八〇mの長手方向を三分割し、その大きな梁どうしを六〇m×六〇mの下凸のシェルで架け渡すというものだった。大梁の形状が特徴的であり、シェルも理にかなっていて素晴らしい案だった。自然についたあだ名が「大架構案」。

この案があまりに大胆な提案だったのと、一案だけでは審議のしようがない、ということでもう一案提示することになった。議論するならまったく異なる方向の案が好ましいと考えたので、ホーム上に細かく柱を落とし、それが樹木のように上に向かって開いていって大きな屋根を細かな支点で支える案をつくった。樹木のような柱がたくさん出てくるので、こちらは「樹林案」とあだ名がついた。どちらも一長一短あり、街の顔を決める大方針を巡って審議が重ねられた。最終的に大架構案のコストへの不安が払拭出来ず、樹林案の方向で進めることになった。

しかし、大架構案のダイナミックな印象を活かせないかとの注文もあり、屋根を鉄骨の立体トラスで固めて剛性板をつくり、それを少ない数の樹木のような柱で支えることにした。出来上がった構造体は、両案の良いところが活かされていると思う。樹木状の柱は四叉柱と呼ばれ、この駅舎の大きな特徴となっている。

この柱を可能にしているのは鋳物の技術である。柱の足元には直径一mほどの大きなボールを半分に切ったような金物が使われている。大屋根の荷重を適切に高架構造物に伝え、地震時にはこの部分が動いて高架側の構造体の動きと齟齬を起こさないように設計されている。技術の粋を尽くしたこの部分は、プラットフォームの柱の足元を一部ガラス張りにして、覗き込めば見えるようにしてある。

駅舎設計のプロセスで、大きな変局点は、高架下の空間をそのまま一層で使うのか、中二階を設けて二層使いにするかだった。二層使いにするなら使い勝手は格段に良くなるが、線路レベルを五〇cmほど上げなければならなくなる。線路は厳密な勾配の設計を重ねているから、この変更は大事件だった。さらに、プラットフォームの位置が駅前広場の中心線から二五mほどズレていることがわかった。このままでは、巨大な駅前広場に面して、駅舎が奇妙な位置に居座ってしまう。どうせならそれも広場に正対するように調整しようということになった。どちらも街にとってはとても重要なことだが、ＪＲ北海道の作業部隊にとってもたいへんな苦痛を伴う大きな変更だ。百年の計の判断、これを仕切ったのも篠原さんをはじめとする検討委員会である。

鉄骨とガラスの多用は、機能面から決まってきたことだ。駅舎全体は川への透明感を出すためにガラス張りのファサードになる。しかし、それだけではいかにも無機的で冷たい。冬の長い酷寒の旭川では、イメージとしてこれに温かさをもたらさねばならない。

ガラスを通して二層使いになった駅舎内の壁が透けて見える。その壁を道産材のタモ材で覆うことにした。地場産材は市民との距離を格段に縮め、親和性を増すことに貢献する。さらに、二年前に竣工した岩見沢駅が刻印煉瓦で良い成果を得ていたので、この板張りの壁にも希望を募って市民や関係者の名前を刻むことにした。大矢さんがこの動きの委員長になり一万人の応募があり、巨大な木の壁は街の名物のひとつとなった。

ガラスを通して見える忠別川の美しい風景、買物公園の人の賑わい、それらとともに、大きな木の壁を基調とした内部空間は、全国的にも類を見ないまったく新しい駅の空間である。手前味噌になるが、これだけの空間密度を持った駅舎は、世界的に見ても例がないと思う。鉄道という新しい交通手段に未来を託した時代の駅舎、ロンドンのセント・パンクラス駅以来の空間ではないかと思っている。こちらは、街とともに歩む二一世紀の新しい駅舎の姿だ。

冒頭にも述べたが、この成果は建設に関わった人々の無償の努力の集積である。彼らは、街とともにある駅舎の新しい姿を理解し、夢見、協力を惜しまなかった。この駅舎が街の歴史とともに歩んでいくことを願いながら、彼らとともにこの駅舎の完成の喜びを分かち合いたいと思う。

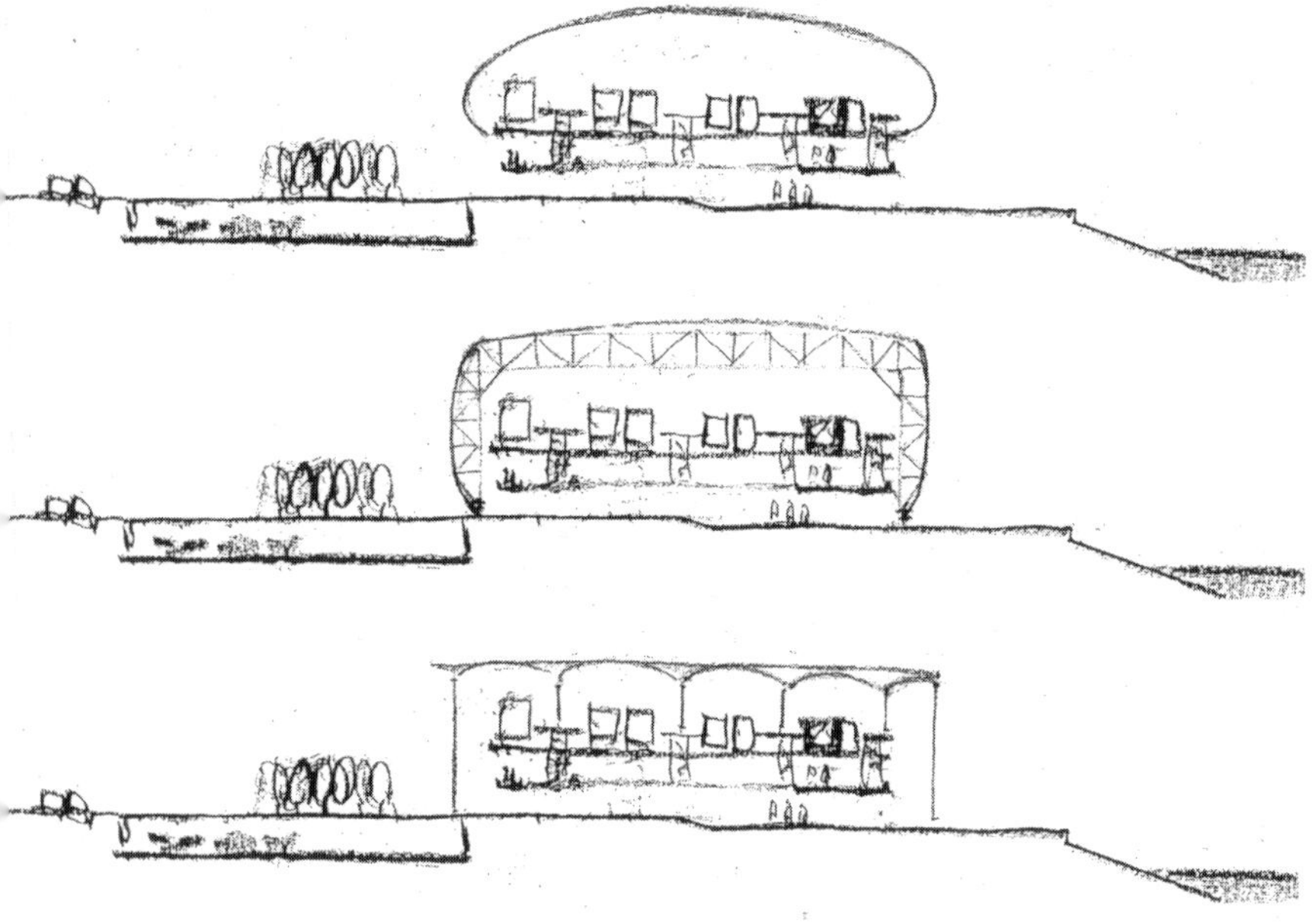

トレインシェッドの初期のスケッチ。高架上で完結するシェルター案、高架を跨いで掛ける案、高架にも負担させながら細かく柱を立てる案。

大架構案の構造模型。鉄道高架には触れずに、地面から立ち上げて架構を完結させている。片側がピン接合で反対側が剛接合の大梁に特徴がある。

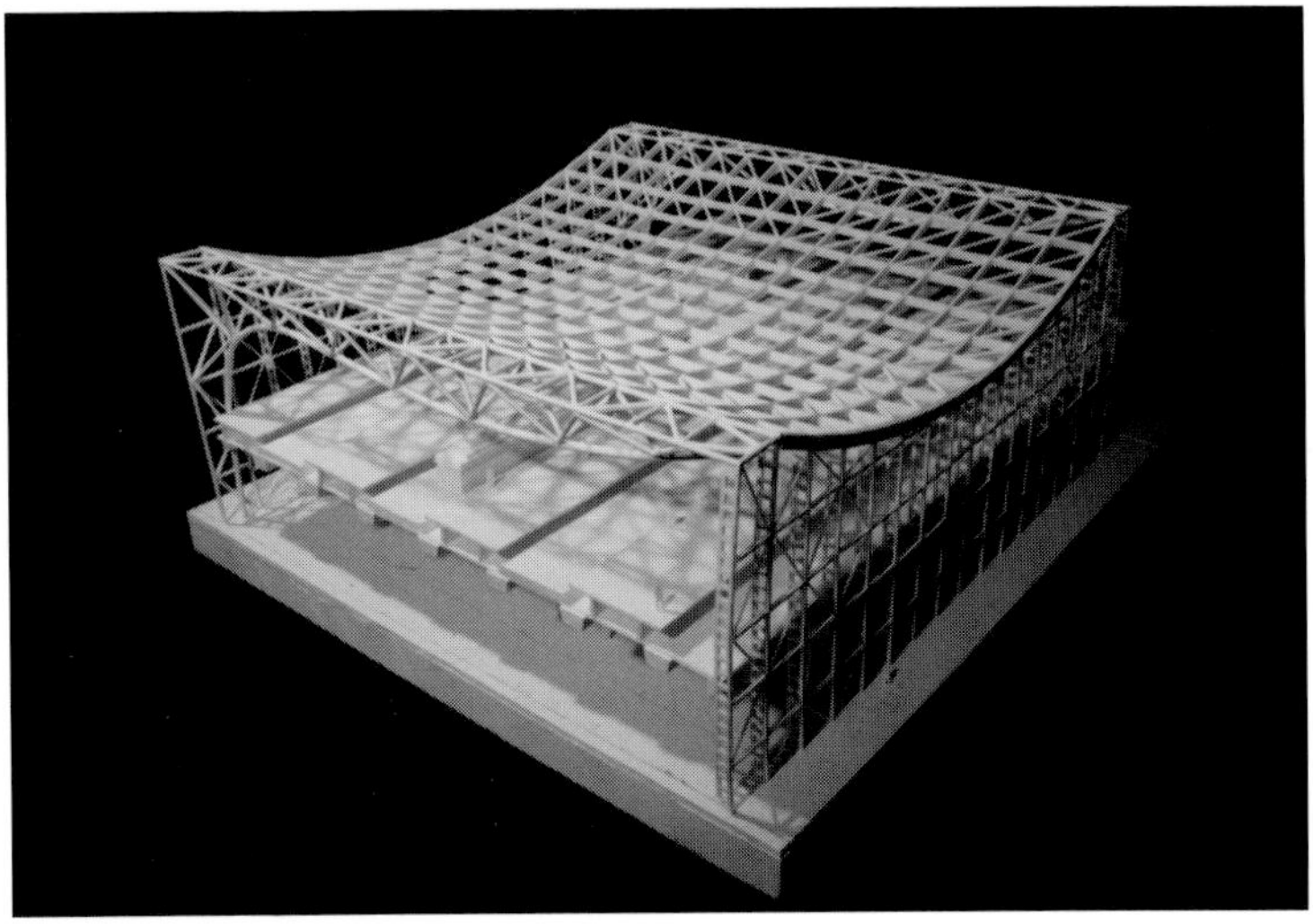

大架構案の構造模型。大梁に60m角の下凸のシェルを掛け渡している。鉄骨造。

完成した樹林案の四叉柱。大屋根を形成する版状の立体トラスを、上に伸びながら分岐する柱で支えている。大架構案のダイナミックさを取り入れている。

忠別川から望む駅舎。河川公園の整備も終わり、市民の憩いの場となっている。他にはない川の見える駅。

# 「待つ」という意識　虎屋京都店　二〇一〇

待つこと

京都駅の喧噪を離れて北に向かう。左手に東本願寺を見て四条を過ぎたあたりから前方に大きな森が見えてくる。御所はほとんどが公園化されている。巨大なブラックホールのように見えるが、大きさのわりには場所にパワーがない。単に都市部に残った異様に大きいただの森に見える。この場所は、主《あるじ》の帰りを待っている。まるで、ゴドーを待つゴゴとディディのように、待つことそれ自体に意味を見出すかのように待っている。来るかどうかわからない人をひたすら「待つ」には、時間に対する諦念と希望をつなぐ想像力が要る。

周到に丁寧に時代をやり過ごしていくこと、その巨大で巧緻な知恵がこの街全体の文化の底に流れているように思える。これがこの街の誰も口にしない見えざる「大きな物語」である。この大きな物語に寄り添うように、「虎屋」とその敷地の物語もある。京都烏丸一条、御所の隣というのは特別な場所である。「虎屋」の発祥は室町時代に遡り、以来この地で約五〇〇年間御所御用を承り、菓子づくりをしてきた。明治天皇が東京に移られたため本拠地を東京としたが、烏丸一条の場所は虎屋の精神的な拠り所として機能してきた。この場所も「待つ」ことを強いられてきたのだ。

「待つ」ということは、「去る」に至らない否定でも肯定でもない「宙吊りの状態」を受け入れ続けることでもある。一度でも途切れてしまったら、それは永遠に取り戻すことが出来なくなる。たとえわずかでも時代ごとにバトンを受け渡し、けっして途切れないこと、それ自体に大きな意味があるはずだと信じること。この場所にはそういう意志が働いている。

製造所とその脇に小さな菓寮があったが、これらの建物の建て替えがわたしに与えられた役割だった。この街の文化の一助となるような新たな場所にしたい、という意向を受けて設計が始まった。

「虎屋」一七代当主である黒川光博氏は、「伝統とは革新の連続である」という言葉を口にする。室町時代からの伝統と格式を持つ菓子製造の歴史は、実はその時代に必死に応えようとする姿勢の連続にこそある、ということだ。京都を離れたこと、この敷地を「待つ」状態に置いたこと、それも常に時代に必死に向き合ったから、という思いがあるのではないかと想像する。これを「待つ」ための方法論と理解することも出来る。時代に向き合うことと「待つ」ということが、この敷地においては顕在化せざるを得ないように思えた。

建築もそのような精神を現すような姿であるべきだと考えた。

## 屋根の下が息をすること

京都は景観条例を厳しくしたばかりで、建物は初めからかなりの制約を受けた。屋根のあり方、外壁の素材など、外観に関しては幾つも新たな制約があり、けっして自由ではなかった。それがこの街の「待つ」ための新たな知恵だとしても、まだその知恵はいかにも新しく未成熟だ。つまり、極めて柔軟さを欠いた形式的なものに留まっている。始まったばかりなのだから仕方あるまい。近い将来、これがより本質的な「待つ」ための姿へと成熟していくことを祈るばかりだ。

しかし、見方を変えれば、前提が明らかになるということは、そこに迷いがなくなるということでもある。瓦屋根をかけ、ある程度伝統的な形式に従うことが出発点となった。これはわたしの思考の癖のようなものなのだが、普通ならここでかなりの葛藤が生じる。勾配屋根の意味を問い、瓦という素材の意味を自らに納得させなければならない。しかし、ここではこれが前提の決まり事なのだから、この点について迷う余地はなかった。

「待つ」ための大きな物語を受け入れることは、この計画にとっては良い結果を生んだと思う。どのように「待つ」ための空間を展開し得るか、どうすれば屋根の下が大きな物語を呼吸することが出来るか、そのことにひたすら神経を集中させることが出来たからだ。

## 「待つ」ための場所

計画に取り掛かった初めから、抜けのある場所、特に庭に対して抜けのある空間、つまり四阿《あずまや》のような空間をイメージしていた。四阿は待つ場所である。そう考えれば、四阿を「待つ」ということの隠れたメタファーとすることはそう見当違いなことではあるまい。それは、つかの間の雨宿りをする退避場所であり、つかの間の休息を取る特別な空間でもある。その場所からの眺めがなにより大切で、人はここで腰を下ろし、雨が通り過ぎていくのを待ち、外に広がる景色が体内に流れ込んでくるのを待つのである。これを即物的に考えることも出来るし、景色を大きな物語、それを想起し眺める場所と捉えてもよい。

この建物では庭の比重が極めて高い。庭をつくるために建物を配置したと言ってもよい。外部の比重を上げていき、庭を中心に考える、そのため、庭を眺める菓寮の空間は抜けを強く意識し、可能な限り軽快につくろうとした。重い屋根を支える柱も視覚的に最小限にしようとした。風が吹き抜けるような空間、それでいて人を包み込むような空間、それを屋根の下の空間に求めた。

勾配屋根をかけることで出来た小屋裏を鉄骨造で構成し、さらにその構造を補完するように天井を木で構成した。スパンを飛ばすための鉄骨、空間を柔らかく包み込むための木、というハイブリッド構造である。鉄は複雑な力を処理し、木には無理をさせないように圧縮力を中心に負担させた。この空間では、鉄骨と木造が補い合って、抜けと柔らかさをつくり出している。また、庇を片持ち梁で大きくはり出し、軒先を可能な限り低く構え、軒の下に庭の空気を引き入れる大きな中間領域を設けた。規模に不釣り合いなこの大きな軒下空間は、内部と外部が交信するための触媒のような役割を果たしてくれるはずだ。四阿では、建物それ自体に意味があるのではなく、待つ空間とそこからの眺めに意味がある。

## 「待つ」ための「今・ここ」

評論家の加藤周一は晩年、日本人の空間認識と時間認識について「今・ここ」論を展開した。綿密かつ難解なその論を要約すると、「今・ここ」という時空の中の一点から世界の認識を広げていくという癖のようなものが文化の基層に根強くあるのではないか、という提示だ。これをわたしなりの見方で言うと、西欧の時間と空間とは、個人という存在の外部に普遍的な尺度を設定し、自分と世界を定位しようとするが、この国の文化はそれとは違って、「今・ここ」という内部化された座標のもとに育まれてきたのだが、これがかつて戦争へと向かう精神を生み出した、というのである。

加藤はこれを乗り越えねばならない対象として論じたのだが、わたしには別のことが気になる。もとより、建築や都市に課せられた大きなテーマは、「今・ここ」の確かさではなかったか。しかし、情報化社会の出現と共にこれが急速に希薄になりつつあることを感じている。今問題にすべきは、失われつつある「今・ここ」が生命を持つためにはどのようにすれば良いのかということだ。「今・ここ」を息づかせること、「今・ここ」に呼吸をさせること、それが求められているのではないか。そのためには、浅田彰が提示した逃走、つまりスキゾではなく、それとは真逆のパラノの核心で動かずに「待つ」しかない。留まり、待ち、「時間」の広がりを「今」に導き入れること、「空間」の広がりを「ここ」に導き入れることこそを目標とすべきだ。

これを建築に則して言えば、明日と昨日のような身近なところにある時間だけでなく、百年単位の遠くにある未来と過去の時間を「今」に引き入れることを問うべきだ。さらに、微細なディテールから建物の姿形、その外に広がる近隣や地域、さらには世界にまで広げてみて、それらをどこまで「ここ」に引き込むことが出来るかを問うべきだ。つまり、現在を起点に、時間と空間の幅を広く捉えること、それが建築や都市に課せられた大きなテーマなのではないか。

「待つ」という行為を通して、人は広がりのある「今・ここ」を引き出すことが出来る。住宅であれ公共建築であれ、近年の建築に決定的に欠けているのは、この「待つ」というイメージではないか。「待つ」ための「今・ここ」をいかにつくるか、それをいかに豊かなものに出来るか、それがこの仕事の置かれた極めて特殊な事情を通して考え続けたことだ。

## 持続的な時間概念

今までそのように思ったことはないのだが、「待つ」ということを考えるにつけ、どのように「待つ」のかということは、建築という価値の本質に触れるものではないかと思うようになった。よく考えてみれば、どのような建築であれ何事かを「待って」いるのである。

姿形が異なるのは、それぞれ「待つもの」と「待ち方」が違うからである。建物が置かれた社会的条件や敷地条件や経済的条件によって、「待つもの」と「待ち方」が違ってくる。待つ時間の長さやイメージによっても対応の仕方に違いが出てくる。それによって建物の形式が変わり姿形が異なってくる、と考えることが出来る。いずれにせよ、「待つ」時間を耐え抜く必要があることは言うまでもない。

話をわかりやすくするために自分の関わった仕事を例に説明すると、高知の「牧野富太郎記念館」は、建設のために切り裂いた山の自然が戻ることを待っている。島根の「島根県芸術文化センター」は、街の文化がゆっくりと蘇生していくのを待っている。宮崎の「日向市駅」は、街に人が戻ってくるのを待っている。コロンビアの「メデジン市ベレン公園図書館」は、平和な暮らしや子供たちの成長を明らかに待っている。これらの建物は、極めて明解に未来に実現したいある状態を待っているのである。

近年、建築が育んできた文化は、あまりにも一足飛びに未来を志向しすぎてはいまいか。そこには、その未来に至る持続的な時間が消去されている。どこかの時点で、建築は「待つ」ことを辞めたのである。

設計に「待つ」という意識を持ち込んではどうか。「待つ」ためには、未来を想起し、そこから現在を逆照射する逆立ちしたような意識が必要だ。もともと設計とは、未来から現在を見つめ、そこに至る「待つ」ための方途を組み立てることではなかったか。すなわち、「待つ」ことは建築にふたたび持続的な時間概念を導き入れることである。おそらく、「待つ」ことを想起することは、建築に新たな質をもたらすはずだ。

この街の大きな物語の傍らで、この敷地はずっと待ち続けてきた。この建物もそれに歩調を合わせるべく、けっして到来することがないかもしれない遠い未来を「待つ」ことを始めている。そこで醸成されるはずのもの、それは、「待つ」ことそれ自体が意味を持ち始めることかもしれない。まるでこの街のように。

虎屋京都店。通りから菓寮を望む。伝統的な瓦屋根と現代的なガラスの小庇。菓寮越しに奥にある庭が透けて見える。

菓寮から庭を望む。鉄骨と繊細な木とのハイブリッドな架構。開放的でありながら、この場を包み込むような空間をイメージした。

# 建築的力の行使について

和光大学E棟　二〇一〇

時として建物は暴力的に振る舞うことがある。その建物が存在することで、周囲のすべてが変わってしまうこともある。それを建物の力と言うことも出来るが、同時に、これを操る建築家はその力の行使に当たっては、常に自覚的である責務を負っていることも忘れてはならない。

実現されるべきランドスケープから建物の形を決める、というのがこのプロジェクトで目指したことだ。その建物があることによって、敷地の中に潜んでいた新しい風景が立ち現れてくるようなもの。それが実現することによって、既視感に覆われた日常風景が、新たな未来に向けて動き出していくようなもの。そんな建物を目指した。

建物（和光大学E棟）が建つ場所はキャンパス内に残された数少ない建設可能地のひとつで、構内からも隣接して走る小田急線からも目立つ場所である。建物の在り方を間違えれば、これひとつでキャンパス全体を台無しにしてしまう可能性もある。

設計競技の時に提案したのは、キャンパス全体に対する考え方が中心だった。現地を訪れた時、分散された校舎へのアクセスがツリー状に形成され過ぎているように感じた。メインエントランスに至る坂道のアプローチはメタセコイア、道路際の桜並木、グラウンドを囲む背の高い大きなポプラ、さらには武蔵野の面影を残す雑木林、そうした環境を活かしきれていない。丘陵の尾根部に配置されたツリー状の主動線を包み込むように周囲の環境を活かしたい。ツリー状の動線が周囲に解けていくようなイメージ。この全体像の中にこの新しく建てられる建物を位置づけるべきで、それに相応しい形を与える、ということを目指した。

他の校舎がオーソドックスな矩形のラーメン構造をとっているのに対して、この建物が奇妙な曲線を描いているのは、この建物の存在によってキャンパス全体のヒエラルキーを変えようとしたためである。また、前面の芝生の斜面は、この丘陵の尾根筋にある主動線をグラウンドや周囲の緑に導くためのランドスケープであり、同時にこのキャンパスの新たな中心となるように設えた。

当初、曲線状の外形の中に教室群を配置するのは、平面計画上かなりの困難が伴うと思われたが、実際にやり始めてみるとすんなりと納まった。大学当局の理解があったことはもちろんだが、このことは教育の場はもう少し自由に考えられる可能性を示している。画一的な教室の配置は、それ自体が退屈なだけでなく、教育の自由さも知らぬ間に奪っているのかもしれない。

RCの単純な構造形式を採ろうとしたが、難しかったのは大教室などはスパンを飛ばす必要があり、ポストテンションを用いた点だ。ポストテンションは施工手順と緊張手順に注意を払う必要があり、この点は現場が丁寧に対応してくれた。また、躯体のRCは通常型枠をあえて使ったが、これはコンクリート本来の素朴で荒っぽい表情を空間に残したかったからである。

各階平面の周囲にテラスを回しているが、日射を避けるためと緊急時の避難のためである。特に、多人数が使うこの建物では、火災や地震時の避難が重要だ。テラスがあることは大きな安心につながる。ファサードの特徴になっているスティールのファインデッキは、日射や風を緩和するとともに、外からの視線も緩和してくれる。建物の表情にも奥行きと陰翳をもたらしてくれている。

丘の尾根部に配置されたキャンパスの主動線から、芝生のスロープを跨ぐようにブリッジを架けた。四階建ての建物の三階にアクセスするようになっている。ブリッジはキャンパス全体の象徴のような存在となるはずで、設計にも力を入れた。新しい建物がキャンパスの未来なら、このブリッジは現在と未来をつなぐ架け橋のようなものだからだ。現場打ちRCのコンセプトは変えずに、スパンが飛ぶので、ここでもポストテンションを採用した。

設計から現場まで振り返ってみて、恵まれた仕事だったと思う。大学側と現場の設計意図に対する理解に助けられたところが大きい。不定形の建物形状は、キャンパスの中に異物を投げ込んだような印象がある。しかし、ここに未来を託し、ここから変わっていくのだ、という大学側の意志の表明でもある。この建物が出来たことによって、明らかにこのキャンパスの重心が変わり、新しいヒエラルキーが出来た。キャンパスは新しいランドスケープを発見し、動き始めたのである。

和光大学E棟。丘の上にあるキャンパスの中心からなだらかな斜面を通してグラウンドが望める。建物の3階のブリッジがメインアクセスになっている。

キャンパス内の異なる要素をつなぎ合わせる場を創ることを意図した。不定形の平面にテラスを巡らせている。

# 建築に感情を取り戻すために

練馬区立牧野記念庭園　二〇一〇

高知出身の植物研究の巨人である牧野富太郎は、晩年練馬のこの地の自宅で研究に励み没した。だからこの建物（練馬区立牧野記念庭園）は、遠く高知の牧野植物園の建物（牧野富太郎記念館）と呼応している。高知のおおらかな自然に溶け込むように腐心したあの建物と、武蔵野の雑木林のなかにひたすら籠るようなこの建物は、どちらも牧野富太郎というとてつもなく魅力的な人に捧げられたわたしなりのオマージュである。

高知の建物が表現しようとしたのは、自らを花の精と呼ぶほどに植物と自然を愛した牧野である。一方、練馬の旧宅跡に建てられたこの建物が表そうとしたのは、齢九〇を越えてもなお、ここにあった木造家屋の四畳間に籠り、背中を丸めてひたすら顕微鏡を覗き込む牧野である。

感情は思考という器に盛られた食べ物のようなものだ。もし、思考が閉じられていれば、すなわち器が閉じられていれば、人はここに感情を持ち込むことは出来ない。設計も建築も同じことだ。この建物の在り方は、わたしだけでなく、牧野やこの場所を愛する人たちの感情に対して開かれていなくてはならない。そのためには、わかりにくさを覚悟の上で、モダニティの敷居の外に出る勇気がいる。

モダニティは、わたしたちの身の回りを覆い尽くしつつある。それは、世界的な経済構造や社会構造と連動して、いまだに生活の隅々にまで浸潤し続けている。便利さ、明るさ、速さ、安さ、そしてなによりわかりやすさ、この力には抵抗し難いものがある。しかし、人という存在は、それだけでは遥かに足りない。人の感情を受け止め、人が尊厳を保持しうる空間とは、そんなものに支配された空間ではないはずだ。

モダニティがもたらす空間は何故か乾いている。現代建築も乾いている。雑誌で目にする様々な作品には、明らかに「湿り気」が欠落している。おそらくその思考が、建築の内側で頑に閉じているからだ。わたしの目には、今の時代がひたすら追い求めている空間は、フリーズドライされた食べ物や保存食、あるいは乾物のようにしか見えない。ここに脆くて傷つきやすい人の感情を盛ることは出来ない。

わたしは空間に「湿り気」を求めたい。ここで言う「湿り気」とは、感情の襞や心の陰影を受け止める空間の質のことだ。

牧野が描く植物画は、極限まで客観的でありながら何故か独特の「湿り気」を持っている。生命に感動し、それに迫ろうとした牧野という人の感情がそれをもたらしている。それが正確なだけの凡百の植物画と大きく違うところだ。

同じように建築という価値も、本来はそうした人の感情に生起する様々な質を内包すべきであると思っている。そのためには設計は、喜び、夢、希望、愛着、悲しみ、打算、矛盾、裏切り、葛藤、追憶、といった人の感情の総体と向き合わねばならないだろう。この態度は設計者に多大の忍耐を強いるが、結果として、出来上がる空間に「湿り気」をもたらすはずだ。この困難さに耐えることは、それ自体が「建築に感情を取り戻すための戦い」なのだ。

牧野庭園の建物は、そのような建物である。この建物では、初めから明るさやわかりやすさを求めてはいない。その代わりに、単純には割り切れないもの、この雑木林の中に立て籠る気持ち、そんな晩年の牧野の気分、すなわち「湿り気」を空間にもたらそうとした。

練馬区立牧野記念庭園。庭園から建物を望む。庭園の木立の中にひっそりと建つ。展示室は庭に対して開かれている。

屋根のボリュームを和らげるように、むくり、なおかつ弓形にわずかに変化させた。

## 二一世紀へ建築家が紡ぐべき「新たな物語り」　平岡篤頼文庫　二〇一〇

フランス文学者・平岡篤頼

「新たな物語り」について語りたい。これはこの建物（「平岡篤頼《とくより》文庫」）の話でもあるし、この建物の主の話でもある。

「なかなか難物だから最初の数ページめくってくれれば、無理して読まなくてもいいよ」と言いながら出版されたばかりの本を渡された。照れくさそうないつもの笑顔とかすれたダミ声である。ページをめくると、句読点のない文章が延々と続く。途方に暮れるとはこのことだ。吉田健一の『金沢』の途切れない文章もなかなかの難敵だったが、この本はそれを遥かにしのぐ。美しい装丁の本、『フランドルへの道』、作者はクロード・シモン。手渡した人、この本の翻訳者、平岡篤頼、この建物の主である。とはいっても、依頼主ではない。依頼主は夫人、ご当人は二〇〇五年に他界されている。

そのさばけた人柄から多くの若手作家から敬愛された平岡先生は、早稲田大学で長年教鞭をとられ、フランス文学の研究者であり、作家であり、雑誌『早稲田文学』を再興し、そしてとりわけ一世を風靡したヌーボー・ロマンの翻訳者として知られている。ロブ・グリエやクロード・シモンなどヌーボー・ロマンの旗手といわれた作家たちとの親交も厚かった。

ところが、このヌーボー・ロマンなるものが門外漢のわたしからは皆目見当がつかない。建築家の書く文章はチンプンカンプンだ、と専門外の人からよく言われるけれど、このヌーボー・ロマンというのはそれ以上の代物だ。平岡先生の解説を要約すると、ヌーボー・ロマンは古典的な「物語り」の構造を廃し、すなわち筋書きや人物の固定的な描写を避け、正確な感情の記述に重きを置き、読み手が主体的に何かを感じ取るもの、であるそうだ。そう考えれば、人間の心の奥底を描こうとすれば、こういう記述にならざるを得ない、という気もしてくる。解説で平岡先生は「人間化されたなじみ深い世界ではなく、本源的な体験の、論理を受け付けない不気味な基層」というアルベレスの言葉を引き合いに出しているが、まさにそんな感じがする。要するに気分はわかるのである。とはいえ、すんなりと納得出来るものではない。あえてこちらから「物語り」のない「物語り」を読もうという気にはなれない。

それにしても、そうまでして否定したい「物語り」とは何なのだろう。普通なら、読者は作家の描き出す空間と時間の中に足を踏み入れ、読むことによってそれを追体験する。その構造自体が問題なのか。作家は描き出す世界の絶対的な支配者である。そこでは空間も時間も神のごとき作家の手に委ねられている。しかし、冷静に考えてみれば、読み手は本を読むという限られた時間だけ身を委ねるにすぎない。また、本を手に取るという主体性がまず最初にあって、その後に読むという行為が生まれる。したがって、自分から作家の世界に身を委ねることは、読み手の主体性を放棄することにはならない。また、読み手は読むことを辞めることも出来るし、また、忘れることも出来る。つまり、その世界から逃げ出すことも出来るし、その世界を放棄することも出来る。つまり、自由なのである。だから、文学についてはは門外漢のわたしにとってはそんなにこだわることなのか、という気もしてくる。

ここからはわたしの推測だが、「物語り」は西欧近代という文明が否定すべき最大の問題だったのではないか。哲学や思想は執拗に「物語り」を否定しようとする。デカルトしかり、ニーチェしかり、そして近年なくなったソンタグしかり。彼らが「物語り」と言うときには、その根底に「キリストの物語り」がある。千年以上も練り上げられ、生活の隅々にまで染み込んだこの「物語り」を否定することなしに近代的な思考は成り立たなかったのだろう。二〇世紀モダニズムの思想的原点を作ったといわれるダダを指導したトリスタン・ツァラは、「切断」という言葉を使った。全ての既成の価値、すなわち「物語り」から切り離されたものを求めた。そして、まさしくその流れを汲むのが、「物語り」ながら「物語り」を否定するというヌーボー・ロマンの隘路だったのではないか。

## 建築における「物語り」

翻って、建築はどうだろう。我が国の建築界でも、一時、流行病のように「物語り性」という言葉が流行った。四〇年ほど前のことだ。しかし、ここで語られた「物語り性」は、「物語り」を否定するのではなく、それこそが大切なものなのではないか、という意味で語られた。世界の哲学や文学が、あるいは近代が捨象しようとしていたのとは正反対の意味で、その頃の建築界では「物語り」が話題になっていたのだ。

どのような建物にも、それが建ち上がるための背景がある。これを「物語り性」と言った。建物は建物であっても、単なる建物でない、という考え方だ。目に見える姿形はひとつの要素でしかなく、建物が建ち上がるにはそれ以前の「物語り」があり、建ち上がった後もその場所から「物語り」が生まれてくる、だから建築には本来的に「物語り」があるのであって、それならばそれを軸にして建物を設計してはどうか、そんな論調だったと思う。要するに、近代が行き詰まって、あるいは行き詰まりはしないにしても、その延長で生み出される資本主義的な考え方や商業主義や国のあり方が気に入らない、という気分が「物語り」に活路を求めたのだと思う。

それにしてもあまり分がいい論議とは言えなかった。世の趨勢は、七〇年の万博以降、すっかり拝金主義に傾いていたから、負け犬の遠吠えのように聞こえた。正しいけれど力にならない、そういう言説もある。その後に襲ってきたバブル経済と、その頃はすっかり商業主義的な建築言語として骨抜きにされてしまったポストモダニズムの喧噪にかき消されてしまった。

しかし、こうも考えられる。少し思い入れを強くすれば、どのような建物にも、そしてどのような場所にも「物語り」を見つけることが出来るではないか。ならば、そのことにあえて言及すること、それを建築という価値が成立するための骨組みとすること自体に意味はない、という見方だ。建築は現実を改変していくための契機であるにもかかわらず、「物語り性」に対する過度の思い入れは、ありのままの現状を追認するだけの単なる屁理屈でしかない、という批判だ。

そして、「物語り性」に依拠することはポピュリズム的な迎合主義に見えることにも批判の矛先は向く。このように、モダニストたち、モダニスト的な価値を捨て切れない人たちにとっては、やはり「物語り性」は退行としか映らない。「物語り性」は個別的で地を這うような主張だから、攻撃的な主張ではない。なにかちょっと違うんじゃないの、という程度で論が止まる。だから、いつも「物語り性」は守勢に立たされる。

二〇世紀初頭からの近代という時代は、過去との決別をそのイデオローグの中心に置いてきた。うじうじと「物語り」にこだわるなんて、前近代の衣をしょった最低の思考だと考えるのも当然のことだ。しかし、まともに考えれば、その「切断」された地平から何が見えたのだろうか。また、「物語り」から切断された「わたし」は、どこに行くのだろう。さらには、宗教的な背景もないまま、ひたすらスタイルとしてそれを受け入れてきた我が国の「わたし」は、どこに行ったらよいのだろう。

小説を読むのを途中で辞めることは出来る。小説を読まないようにすることも出来る。美術であれば、見なければいい。音楽であれば、聴かなければいい。「物語り」の破壊であれ切断であれ、芸術であれば人はそこに描かれた世界から基本的には自由なのである。

しかし、建築や都市はそうはいかない。つくられる以前のプロセス、つくられるプロセス、つくられた後のプロセス、どの段階でも「物語り」が存在し得る。建築は、生来「物語り製造装置」という機能を抜きがたく持っている。「物語り製造装置」を駆動させるかどうか、それは建築家の手に委ねられている。なぜなら、すべてのプロセスに通じ得るのは建築家だけだからだ。問題にしたいのは、モダニストたちは、意図的にこの装置を駆動させないということだ。見えないところで駆動させ、その成果を秘密裏に収奪するのだ。搾取する、といってもよい。

それを回避するための答えがここにあるわけではない。ただ、建物を設計している間、クロード・シモンの途切れない文章が思い浮かび、いつもそんなことが頭をよぎっていた。これは、あくまでも自分への問いかけだ。建築は必然的に構成的たらざるを得ない。法規があり、構造があり、設備があり、経済がある。これらを構成的に扱わなければ、建物は出来上がらない。

建物の設計にどこまで映し込まれているかはわからないが、この建物を構成しているのは近代的な思考からは遠い、演歌のようないかにも古めかしい「物語り」たちだ。建築が「物語り製造装置」であることを受け入れ、それに抗うことを初めから諦めているのが、この建物の最大の特徴かもしれない。

## 「物語り」から始まった小さな書庫

仕事というのはいろいろな形でやってくる。大きな規模のものもあれば、小さな建物の依頼もある。それぞれに取り組み方の難しさがあることは言うまでもない。ここで紹介するのは、幅三m、長さ七mあまりの書庫。いままで取り組んだ中でもっとも小さな建物だ。平岡先生の所蔵図書の一部を納めた書庫。毎夏過ごされた思い出深い別荘に隣接して文庫として形にして残したい、という夫人の強い希望で実現した。この建物は、初めから、そしてそれ以前から「物語り」の中に在ったのである。

先生が毎夏過ごされた和室からの景色を邪魔しないように、建物の配置に気を配った。この建物が既存部と幾分振れた角度になっているのはそのためである。煙草を燻らせ酒を飲みながら、世の趨勢や文学に思いを馳せ執筆した空間の雰囲気をそのままにしたかった。ここにどれだけ多くの悩みを抱えた若者や文学者が訪れ、勇気づけられ、活路を見出したことか。そのまんまでいいんじゃないの、という先生のダミ声が聞こえてきそうだ。

書庫の外壁は分厚い木で覆い、本がシルエットになって空間に浮かび上がるようにした。外壁の色はスティン(鉄錆色)。昔、フィンランドを旅行した時に森の中で見た小さな農機具の倉庫を思い浮かべた。森の緑とステインの地味な赤の対比がとても美しかった。簡素で素朴で、それでいて人目を引くこの色の対比は、この建物にふさわしいと思った。

その外壁の隙間全体から光が漏れ出るようにした。蔵書といっても古書のたぐいではない。保存を気にすれば、光が入ってくるなど言語道断だが、ここに並べる書物はそれとは違う。多くは出版の折に先生に献呈されたもので、本そのものよりも、そこに記された作家の名前と先生の関係を知ることの方が面白い。平岡文化圏ともいえるその広がりは驚くべきものがある。

外壁を一部切り込んで夫人がつくられたステンドグラスをはめ込んである。ここから差す光が、先生の書物を照らし出す、という仕掛けだ。これもわかりやす過ぎる物語りだろう。隠喩もなにもあったものではない。建物の主と依頼主との関係を構成の中にそのまま組み込んだ。

また、記念碑を建てたいとのご希望もあった。石ではないだろう、ましてや鉄やステンレスでもない。ガラスの固まりを見つけ、それが先生の記念碑として最もふさわしいと考えた。純粋で、周囲の光を映し出し、それでいて存在感がある。先生にピッタリだと思った。

## 「新しい物語り」へ向けて

わたしの専門の建築の話は平岡先生にずいぶんとしたつもりだが、先生の専門の文学についてはついぞ話を伺う機会を逸した。おそらく「物語り」について切り出したら徹夜で話し込むことになったろう。そのことを悔いている。様々な「物語り」に引きずられたこの建物は、先生が翻訳にこだわられたヌーボー・ロマンからは遠い。人の一生も建築と同じく、必然的に「物語り製造装置」なのではないかと聞いてみたい。

日本は西欧ではない。我々の文化の中には、抜き差しならぬ別の「物語り」、つまり古事記と日本書紀に代表される神代の「物語り」がある。突拍子も無いことを言うようだが、詩歌、俳句、絵画、建築、果ては山川草木に至るまで、その「物語り」は至る所に満ちている。目を凝らしてみれば、我々が使っている日本語という言語ですらその色に染め抜かれている。

モダニズム、マルキシズム、グローバリゼーション、自らの基層のある「物語り」から離脱するための方法はいくらでもあるだろう。離脱するか切断するか、それは自由である。しかし、それは建築や都市を享受する人の自由であって、建築家の自由ではない。この国の大地の上で仕事をする以上、建築家は「物語り製造装置」としての建築の宿命を熟知し、より良い「新しい物語り」へ向けて旅立たねばならないのではないかと思う。

平岡篤頼文庫。平岡先生が過ごした別荘に隣接して作られた小さな書庫。校倉のような赤錆色の外壁。（写真：相原功）

内部は本を守る聖堂のような空間。　　　　　　　　（写真：相原功）

# 奮い立たせる砦となれ

## 城東地区複合施設　二〇一〇

広漠とした揖斐《いび》川の風景の片隅で、堤防越しに肩を寄せ合うように家々が集まっている赤須賀集落の佇まいが好きだ。その寄り合う蠢きがそのままつながって、丘の上にせり上がるような立ち姿の建物をつくろうとした。

この建物（城東地区複合施設）は、極めて特徴的な敷地に建っている。揖斐川、赤須賀集落、港泊地、そうしたものが接し合う結び目に立地している。港泊地を背景に、いかにも漁師の根城にふさわしい場所をつくりたかった。無骨で荒々しいけれど、温かで人情味があり、生き生きとしている、そういう人達が立て籠もる砦のような建物。黒澤明の映画に出てくる「蜘蛛の巣城」のような、のぼり旗が似合い、いかにも勇ましい気分が感じられる、そんな気分を設計に込めた。

誰でもすぐに気付くことだが、この建物の大きな特徴は外観にある。これだけ大きな面積の杉板張りが建物を覆い尽くすことは稀である。赤須賀漁協は岐阜県の山間地の子ども達との交流をしてきた。外壁を覆う杉材はその岐阜県のものであり、まさにこの外観は山と海の交流を象徴している。

建物は大きく三つの棟に分かれているように見える。機能的に分かれているわけではない。赤須賀集落や周辺市街地に建つ木造のスケールを壊したくなかったので、三つの建物に見えるようにつくった。中は迷路のようになっている。別に複雑なことをやっているわけではないが、階段が幾つもあって、どこからでも目的の部屋に行き着くことが出来るので、自然とそうなった。

二階には、揖斐川と港泊地を望む大きなテラスを設けた。手摺をかなり頑丈につくっておいたから、いずれここに大漁旗がはためくだろう。このテラスはこの街の物見台であり新たな広場になるはずだ。

赤須賀という地名には何故か心躍るものがある。赤が喚起する荒々しいイメージ、須賀が喚起する浜辺の街のイメージ、このふたつが赤須賀という地名の音になって強い印象を与えるからだ。須賀は漁村のことで、桑名から四日市にかけて白須賀《しらすか》、天ヵ須賀《あまがすか》などの地名があるらしい。何故、この場所に赤が付いたのか不明だが、元気がありそうな感じがするではないか。この建物が、この地域に暮らす人たちを励まし奮い立たせる心の砦となることを願ってやまない。

城東地区複合施設。赤須賀漁港に建つ漁民の砦のような建物。建物は隣接する漁業集落のスケールに合わせて分節化した。

鉄骨造だが外壁は板張り。いくつかの場所からアクセスできる。手摺りは大漁旗などがくくりつけられるように太めのディテールにした。

# 3章　時代を思考につなぐ

お歳は八〇を過ぎているはずだ。東北大学名誉教授の首藤伸夫先生は津波の専門家であり碩学である。三陸の津々浦々まで知り尽くされている。防潮堤のもろさについて、メンテナンスの重要性について、かねてより警鐘を鳴らしていただけに、今回の津波でもっとも心を痛めた学者のひとりである。小柄で誰にでも気さくに接せられる方で、いつもリュックを背負っていて飛び回っている。この先生と岩手県の津波の委員会でご一緒している。被災後早い時期に立ち上げられた委員会で、防潮堤の高さを決める極めてシリアスな委員会だった。わたしの席は首藤先生の隣なので、いつもご教示をいただいていた。建築や街づくりのことならわかるが、津波のことは何も知らなかったので、一年以上に渡って特別に実地の授業を受けていたようなものだ。この委員会を通して、津波についてずいぶん詳しくなった。

首藤先生が何回も力説されていたのは、同じ津波は来ない、津波は個別的である、そして人が考えた技術では防ぎきれない、ということだった。生涯津波と向き合ってこられた先生の言葉だけに独特の重みがあった。防潮堤でいくら防備を固めても、結局は逃げるのが一番の方策であり、また、過去の津波到達範囲に住まないことが最善の策だ、ということは誰もがわかっている。

このあたりは考え方の問題、つまり「思考」の問題なのである。復興の現状を見れば、この「思考」は活かしきれていない。さらに、もうすでに被災の記憶が遠のき始めている。風化が早い。ほんとうに一〇〇年後にまで伝えることが出来るのだろうか。首藤先生の一番の心配事はこの点にある。

個人の「思考」があまねくその時代の共有財産となるには、それを多くの人が同意する「思想」のレベルにまで純化する必要がある。しかし、それでは堅苦しい。歴史を見れば明らかなように、そもそも「思想」なるものの耐用年数はそう長くない。より長い射程を持っているのは「文化」だ。津波の記憶と経験が文化の中に取り込まれる以外、一〇〇年後に伝える術はない。

同じように建築も、大切なことであればあるほど、技術もデザインもこれらを巡る思考も、巷に生きる文化の中に沈み込んでいくような構えが要るのではないか。

# 善良な負け組のススメ　建築ジャーナルインタビュー　二〇一〇

——荒々しいコンクリートのイメージがあります。

内藤　僕が持っているコンクリートのイメージは、たとえば僕の師匠の吉阪先生の「八王子セミナーハウス」のような、もっと素朴で荒々しい、大地の延長のようなものです。あまりきれいで優等生的なコンクリートには違和感があります。神経質にならずに打ったまんまみたいな、そういう方が好きですね。「気にせず打ってくれ、きれいじゃなくていいよ」というと建設会社はだいたい困りますね。今はきれいに打つことに慣れ過ぎているから。

僕が仕事を始めたころはそうじゃなかった。安藤さんが打ち放しコンクリートを流布する前だから、それこそ施主を説得するのが大変だった。「なんで仕上げてくれないんですか？」と言われたこともあります。今は逆ですね。「打ち放しコンクリートじゃないんですか？」と言われる。仕上げ材としての打ち放しが市民権を得て、ファッションになったんですね。でも、そこで気になって来るのは、コンクリートってもともとそんな行儀のいい材料じゃないっていうこと。素材に無理をさせ過ぎているんじゃないか。素材なりの見え方や存在感というものがあるはず、と言いたくなる。

――あまのじゃくですね（笑）。

内藤　まあそうかもしれない（笑）。でも、無理せず気張らず実感に則して感じていることをやっているだけですよ。結果として時代と違う方向に行くだけ。時流とズレるから要領が悪く見えるだけ。自分はあまのじゃくのつもりもないですよ。正直なだけ（笑）。

――今後、つるっとしたきれいなコンクリートを使うことはありますか？

内藤　あるかもしれないけど、僕の一番大切にしている部分ではないでしょうね。僕は建築をもっと荒っぽくしたいんですよ。来年大学を退官して事務所に戻ってきて何をやるか、今必死で考えているんですけど、骨太で単純で荒っぽいものがつくりたい。うちの事務所は、ディテールの精度が不必要に上がり過ぎているような気がしているんです。それが気になってしょうがない。

――今の建築は、コンセントボックスやサッシュの収まりなど、異様に細部にまで気を遣わないとメディアに出ない傾向にありますが、どうお考えですか？

内藤　空間によって一番大切なもの次第ですね。一番大切なものが一番良く見えるように設計する。海の博物館だったら構造体があって、それ以外は安普請ですから何も出来ない。構造体の美しさ、それしかないんだから、それを邪魔しないようにつくる、ということ。この態度は、他の仕事でも同じです。コンセントでもなんでも、必要なものは出てきてもいい。だけど、全体のロジックに則して一つひとつちゃんと考えるのがクセみたいなものですね。

でも、それもやり過ぎじゃないか、と思い始めているんです。もっとあっけらかんとしてもいいかもしれない。やり過ぎると、空間がピリピリしてきますからね。その辺をこれからどうやってつくっていくかな、と悩んでいます。

――あっけらかんとした建物とは?

内藤　やっぱり八王子セミナーハウスですね。あのおおらかさは強いと思う。時間が経っても強さが変わらない。部分的に多少改築しても存在感が変わらない。強くてしぶとい。出来た時も強くて、時間が経っても強さが衰えない。そういうものをやりたい。その観点からすると、今の僕のつくり方は繊細すぎる。材料を追い詰めていく精度が細かすぎて、時間の堆積に堪えないんじゃないか。ひょっとしたら、時間が経つとそういうものが建物の弱さになっていくような気がしていて、もっと強い建物をつくりたい、と思うようになってきています。

――和光大学のコンクリートは落書きに負けないコンクリートにしたかったと聞きましたが。

内藤　まだまだですけどね。昔の小学校の木の机は、ナイフで削られていたり落書きがあったり、そういうのでしたよね。そこに流れている記憶の堆積のようなものがあったし、それ自体がモノとして強い。多少のことがあっても受け止める。建築はそういう存在であるべきだと思っています。

極端なこと言うと、コンクリートの厚みを一二〇㎜とかダブル配筋だと一五〇㎜とかやっているけど、別に一mくらいあってもいいんじゃないの、って思うこともあります。なんでそんなに切り詰めるんだろう。合理的で経済的かもしれないけど、そうじゃない価値もあるんじゃないかと。もっともっと違うところに行きたいという気持ちがあるんです。

――それは模索中ですか？

内藤　模索中というより、その都度しつこく考える。建築家は頼まれないと考えない職種ですからね（笑）。そういうチャンスに恵まれたら真剣に取り組みます。現実にはケースバイケースでやっていくと思うけど、心の底でずっと考えているのはそういうことです。僕らは建築という価値を追い詰め過ぎている。建築を追い詰めないでどこまでいけるかというのがひとつのテーマ。

常識の範囲内というのがあると思うけど、それをやっていくと、結果として理解される範囲の外に出てしまう。せめぎあいだよね。ぎりぎりのところまでは行ってみたい。そういうのって、メディア向きじゃないんだろうね。でも、それでも納得がいくならいいと思う。一〇〇年後に、メディアに出なかった建築が光っているということだってあり得るんだから。

――メディアの一員として肝に銘じます。

内藤　いやいや、メディアというのは本質的に今の良識に対応しているのだから、それはメディアの罪ではないですよ。一定の部数を売らないといけないわけだから、売れる情報を載せていくのは至極当たり前のこと。読者が分かる範囲、わかるちょっと先みたいな感じかな。まあ、つくり手としては、最終的には自分自身で納得出来るかどうか、納得出来るものをどれだけ残せるかということだけです。そういう歳にもなってきたので。

——戸建てがとんがり過ぎていく傾向にある気がするんですが。

内藤　それはそれでいいと思う。いいと思うけど、僕には出来ないな。住宅は施主と建築家の共犯なんですよ。建築家だけの罪ではない。施主のほうは、新しいデザインを生活に取り込んで日常の生活の憂さを晴らすという、そういう下心がある。若い建築家を引っ張り出して、かっこいいキッチンで、居間は板張りかなんかで、ひょっとしたら渡辺篤史が来るかもしれない(笑)。そうしたら自慢出来る。どうせ旦那は昼間はいないんだし(笑)。建築家は建築家で、あわよくばスターアーキテクトになるために何かやらかしてやろうと、虎視眈々と機会をうかがっている。これがほとんどの住宅の主戦場ですよね(笑)。

それでいいのか、とは思いますよね。そんなもんじゃないだろ、とは言いたいけど、全否定をして全部駆逐すると、やけにつまらない世界しか見えてこない。そういうのも建築界を動かすエネルギーのひとつにはなっていますからね。

でも、そこに本質があると思っている人たちが多過ぎて、その風景は外から見ると醜いよね。なんか異様に見える。このドタバタ喜劇は、なくなって欲しいとは思わないけど、もうちょっといい建築家の立ち位置はないのかな、とは思いますね。出来た時は人目を驚かすアバンギャルドと言われたモダニズムだって、それはそれなりに社会的な使命を考えて、やってきたわけでしょう。戦後の最小限住宅だってそうです。デザインだって、篠原一男の「白の家」のようなラジカルな側面があってもいい。だけど、彼らは今の若手とは違って、もっと真剣で、もっと真摯で、もっと違った意識でやっていたような気がする。一昔前は、面白がってやろうとしても、施主がそんなものは知らないから、ことごとく否定されていたわけですよ。それは相当命懸けの戦いだったはずです。今はＴＶや雑誌がたくさん扱って、そういうのがいいんだ、と施主の方が思い込んでいるから、やりやすいんでしょう。僕らの時代よりずっと奇妙な事が許されているんだと思います。

――とんがり建物推進派は、いかに施主を巻き込むかが手腕だとの意見もありますが。

内藤　それはまったくの誤解だよね（笑）。

――奇をてらうのを避ける人たちもいます。

内藤　残念ながら、そういう人たちはメディア的には善良な負け組になるんですよ。だけどね、ほんとにそんなもんなのかな、と思いますよ。さっき言った共犯を目指す人たちには、本当の信頼関係ってないでしょ。どうせこいつはオレが稼いだ金を掠め取っていくんだろ、なんて思われているかもしれない。設計する側も、やりたいことの本質なんて施主にわかるわけないんだから、なんて思ってる。どっちもどっち、共犯関係だからそれでもいいんだけど。でも、広く見ると、それでは建築家という職業が信頼されないでしょう。怪しげな職業に落ちるんでしょうね。それは悲しいし違うんじゃないかと思うんですよ。

今、中国地方の建物に賞を出すＪＩＡ中国建築大賞という賞の審査員長をしているんです。今年の住宅部門の受賞は江角俊則さんという建築家が設計した「Slow House」という宍道湖畔の平屋の住宅だった。とっても素晴らしかった。施主のライフスタイルと建物が共振していて、忘れていた大切な事を思い出させてくれるような感じがあったんです。ザックリとしているけど、隅々までちゃんと丁寧に設計してあった。薪ストーブの煙突があるんだけど、緑化された屋上に上ってみると、煙突のディテールまで設計してある。江角さんに「これってメディアに出したの？」と聞いたら、「いや〜、出しても載りませんから」って。

建築界の置かれている状況はそんなもんですよ。目が行き届かないところで素晴らしい建物もあるんですよ。写真写りが良くて要領良く目立つ都会的センスの建物もいいけど、そうでない価値を発掘するところに帰って行くんじゃないか。おそらく、メディアに出しても載らないけど素晴らしいものが全国津々浦々たくさんあるはずだけど、いずれ都会的な価値とこの埋もれた価値の関係性が逆転する可能性があるんじゃないか、という気がしています。

都会的な価値はどんどん空洞化してきているというのは、今の都市のありようと似ていてね。東京という場所で生み出される文化というのはどんどん張り子の虎になってきて、実体的な文化というのは地方にある、というような時代になるかもしれない。その時には都会の建築家は全員粛清ですね、もちろん僕も含めて（笑）。頭丸めて田んぼでも耕すところから始めないと目が覚めないかもしれない。

——隈研吾さんについてはどう思っていますか？

内藤　彼は頭のいい人なので、そのあたりのことはわかっていると思うよ。それくらいのことはわかった上でやっている。見た目と違って冷めてますからね。それはそれでいいんじゃないかな。ただそれを形だけをまねて若い子がやるのはまったく違う話。

違う立ち位置だけど、妹島さんは妹島さんでやはりいい。必死でものをつくっている。若い子たちがちょっと面白いことをやろう、というのとはまったく違う。建築家っていうのは、人の金を使って自己実現する仕事だけど、命がけでやるのなら認めざるを得ない。それはそれで物づくりの本来の姿かもしれない。

学生ならまだしも、若い世代の建築家は、ちょっと面白いことをやる、ちょっと自己実現を混ぜ込む。そんなのは、見てないところでデザインをちょろまかすようなものですね。その心根なんか一目見れば一瞬でわかる。創造とかデザインという名に値しない。そういうのは見苦しいし嫌いですね。あまりこういうことを言うと若い人に嫌われるから削ってください(笑)。

——若い人たちにぜひ聞かせたい(笑)。

内藤　要するに、似たものは無数にあるけど本物は少ないということです。建築というのはもともと人間と向き合ってなんぼのものだと思うんだけど、そのなかでデザインを実現させるというのは必死の戦いなんですよ。それを大学の授業では教えない。課題を出されると、ちょっと上手いやつが誉められて、いかにもメディアに出そうなやつはもっと誉められて、というような教育しかしていないでしょ。芸能人養成学校みたいになっている。それはやっぱり妙なことですよ。今の吉本興業と似てますね。一発芸で出てきて瞬く間に消えていく。消耗品ですね。ほとんど残らない。

——各大学がどれだけスターアーキテクトを生み出すか、競っているふしもありますね。

内藤　教えるほうも悪いし、そういう中で出てくる子たちもそれがいいと思っているからかわいそう。そういう中からは太田光は出てこないんじゃないかな。

——太田光ですか（笑）。

内藤　太田光はいい（笑）。勉強家だし、すごいと思う。太田光の特番を見て思ったんだけど、彼は人間という存在そのものに興味がある。それがすごいと思った。だからだれにでもインタビュー出来る。大学の先生にも科学者にも……。太田光が人間という不可解な動物の全体を見ようとしているというのがわかって、ああ、すごいなぁと思った。敵わないです。

——人間に興味を……心がけます。

内藤　彼の場合、ちょっと会話のなかでひっかけてなにか面白いことを言おう、というようなことじゃなくて、その中に人間の本質を見ようとしているから面白いわけですよ。そこから突っ込んでいくと、僕らが考えてもいなかったようなことがぱっと見えたりする。

——もう、教鞭の場には戻られないのですか。

内藤　もう、いいでしょ（笑）。充分やりました。

——建築の教育があまり良くないと思われていれば、今度は建築へ。

内藤　もう自由にしてもらいたいという感じです。社会的な責任は人並み以上に果たしてきたつもりなので。テンポラリー（講演）で話すのはいいけど、それも出来るだけ控えたい。こう見えても僕は意外とまじめなんですよ（笑）。学生たちの人生を引き受けるのは大変。適当にやるんだったら別だけど、人間のことを考えなさい、ということを伝えようと思ったら、教育っていうのは果てしなく難しい。ものすごく疲れるし、エネルギーを使う。言ってる僕自身の人生もキレイに始末がついているわけじゃないですからね。それはもういいかなという気がしています。

――逆に教えられる立場だった時、吉阪先生はどうだったのでしょう？

内藤　よく言うんだけど、大学からは何も教わってない。ロックアウトしていて授業もなかったし、課題だって提出するだけ。エスキースもほとんどなかった。本を読んだり設計事務所でアルバイトしたりして、自分で勉強したんですね。大学で唯一得たことは吉阪先生と出会ったこと。吉阪隆正という存在に接したことが、唯一と言っていいくらいの僕の財産です。だけど吉阪先生はとても忙しかったので、先生とまともに向き合って話したのはたぶん全部で二時間くらいかもしれない。

――それでも惹かれるもの、憧れるもの、その後の人生を左右する何か感じるものがあったんですね。

内藤　あれが本当の教育だと思う。僕の教育の仕方は、どちらかというと論理的で理屈っぽい。思っていることを言葉で伝えようとしていますからね。でも、それはアマチュアの教育の仕方で、吉阪先生のが本当のプロの教育。

――それこそ父の背中を見て、というか師の背中を見てということですか？

内藤　そうですね。その人自身の存在の仕方自体が教育になっているような感じ。明らかに吉阪先生に会った人生と会わなかった人生は違う。ものすごく違う。会わなかったら、楽に生きれたかもしれないと何度も思いました。もっと売れ線の建築家になったかもしれないですよ（笑）。あの人に会ったから、今でも苦労しているんですよ。建築というのは、本来、人間とは何かを問う場所なのではないか、なんて未熟な僕が大真面目な顔をして言ったりしているのは、あきらかに吉阪先生の影響だと思います。

――その後菊竹さんのところに入所されて、内藤さんの人生に影響はありましたか？

内藤　おおいにありました。吉阪先生からは人間に対する態度を教えられたけど、菊竹さんからは建築に対する考え方ですね。一言でいうと破壊力。常識的に考えられている建築の価値とか物事の成り立ちとかがあるとしたら、その常識を打ち破っていく発想とか切り込み方を教わりました。多くの場合、技術であったりするんですが、切り込んだ時に見える真実というのがある。菊竹さんは天才だから、その切り込み方の破壊力が凄まじい。とてもそのまま真似は出来ないけれど、常識を外してみること、技術をテコに切り込んでみること、それは今、僕が設計している中でも常にやっていることです。

――その他、若かりし内藤さんに影響を与えた方というのは？

内藤　スペインのフェルナンド。これは明確に天才というのがいるもんだと知ったことが大きい。

僕らがいくら努力しても到達出来ない能力。ものすごく努力して到達出来る範囲があるとしたら、そのもっとはるか上の能力とか才能とかがある、というのを知りました。生まれつきのものですね。自分がまぎれもない凡人であることを知りました。日本人というのは、努力すれば総理大臣になれるとか、若い子たちはいずれ文化勲章をとれるとか、努力すればなんにでもなれると思っている。でも、それは戦後の平等社会がつくり出した幻想ですね。純粋に人間の能力として、いくら努力しても遥かに追いつけない才能というのがあるんだというのを間近に見たんです。

――よく打ちひしがれませんでしたね。

内藤　打ちひしがれましたよ(笑)。だけど、スペインにはたまにそういう種類の人間が出てくる。絵画だったら、スルバラン、ベラスケス、ゴヤ、ピカソ、ダリ。文学ならセルバンテス。哲学ならオルテガ・イ・ガセット。建築ならガウディ。突如、巨人が出てくる。住んでいて、彼らの精神のありようというのが、ある程度見えた時期があったんです。要するに、ものすごい集中力なんですよ。何かを考えるときに、僕らも集中して考えることがあるけど、その何倍ものエネルギーを、その瞬間の時間とその場の空間の一点に集める、そういうことの出来る才能が突然現れる。

フェルナンドもそういう人だったんだと思います。だけど、その能力を建築というフィールドに持ってきた時に、致命的な欠点があるということに気付いたんです。建築は時間を掛けてつくる。大きなものになれば、一〇年とか二〇年とか掛かります。そうすると、あまりに集中力が高いので、思考を持続出来ない。

アートみたいな場合はいいですよ。絵を描いたり彫刻をつくったりする場合はいい。そういうときは非常に有効です。でも建築というのはある程度の持続的な思考が必要なので、これに関しては苦手なわけです。日本人の特質は持続的な思考のほうにあるんじゃないかと思ったんです。まあ、我田引水の都合のいい解釈ですが、そう思うしかなかった(笑)。

彼らのイメージ力とか集中力には敵わないけれど、思考を持続していくこと、そういうやり方なら、ひょっとしたら、建築というフィールドにおいては勝ることが出来るかもしれない、と思いました。いや、無理矢理そういうことにしました(笑)。

それから、建築の設計というのはマスゲームですね。建物をつくるときには、さらに規模の大きなマスゲームになっていく。実にたくさんの種類の多くの人が関わってきます。そういうたくさんの人の理解を得なければ良い建物は出来ない。ところが、あまりにすぐれた集中力を持っていると、周りの人は理解出来ない。孤立してしまいます。だから、その意味でもフェルナンドの持っていた才能というのは、建築に対して不向きな才能だったのかもしれない。若い頃は天才の名を欲しいままにした彼も、結局建築家としては残念ながら大成しなかった。

もっとも、持続力を武器にしようと若い時に心に決めた僕の方も、歳とともに疲れが見え始めているのが問題ですけどね(笑)。まあなんにせよ体力も落ちてきているから、もう一度初心に返って、建築に的を絞っていきたいと考えています。

# 思考なき思考　吉阪隆正　二〇〇八

吉阪が何を考えていたか、というのは未だに謎の部分が多い。一般的な意味での思想というようなものがあったのかどうか、はなはだ疑問がある。あったとすれば、という仮定のもとでこれを書かねばならない苦しさがある。もし吉阪が生きていて、何か思想のようなものがあるかと尋ねても、おそらく言下に否定するはずだ。

たいていの場合、思想と言えば論理的な思考やそれに基づく記述を思い浮かべる。しかし、そんなものが本当に本来の思想と言えるのだろうか。形而上的な思考を思想と呼ぶなら、それがいかにうさん臭く、脆《もろ》く、当てにならないものかは、時代の変遷とともに言説を変えてきた文化人や思想家たちを見れば一目瞭然だ。反対に、深い意味での思想は言葉を伴わないこともある。人間の心の中の動かぬ一点を思想と呼ぶのなら、吉阪にも思想があったのではないかと思っている。

「迷った時は良心の声を聞け」と幾度か言われた。自らの良心に照らし合わせ、善しとするところに従え、ということだ。そんなことを言われてもなぁ、というのが実感だった。良心とは何か、そんなものを育ててきたかどうか皆目見当もつかない。自ら考え、自ら行動することは苦しい。何かをするとき、判断を迫られたとき、良心という自分の中の内的な尺度ではなく、誰かが決めた外的な尺度があればどんなにか楽だろう。この外的な尺度を一般的には思想と呼ぶのだと思うが、吉阪はそれを与えてくれたことはなかった。

わたしが吉阪と接した期間はそれほど長くない。初めて吉阪を見たのは、まだ授業で接する前の大学二年のときだ。学生運動の残り火が燻る乾いたキャンパスを、信じられないほど早い速度で、背筋をピンと伸ばし、大股で颯爽と歩いていた。細身で背が高く風変わりな姿の人、それが吉阪の第一印象だった。

それにしても吉阪という人は掴み所がない。巳年生まれは鰻と同じで捕まえにくいのだ、と冗談で言っていたが、確かにその通りだ。掴もうとするとヌルッと抜けて逃げてしまう始末の悪さがある。文章を読んでも、平易で明晰なのだが、不思議と全貌が掴めない。仮に、思想と言えるような一貫した思考があったとすれば、思想そのものの否定、という信念だったのではないか。吉阪は、思想ほど怪しいものはない、と考えていたに違いない。一般的な意味での思想に縛られた思考を、狭い、と感じ、そうした形骸化した思想など吉阪にとって何の意味も持たなかったのではないかと思う。

吉阪は、一九四二年に召集され、奉天、新京、公主嶺、光州へ出征している。学生には世界のことを語り、世の中に向かっては人間のことを書き尽そうとした吉阪だが、出征先の経験については語らなかった。少なくともわたしは聞いたことがない。往々にしてあることだが、語ったことより、語らなかったことのほうが重い。吉阪の思考や態度に原点があるとすれば、この語らなかった空白にこそあったのではないかと想像する。

本性として人は人を殺せるものか、と尋ねたことがある。その時、目を瞑ったまま黙ってしまった。長考一〇分を超え、目を開けて発したのが、道具があれば出来ると思う、という答えだった。粛然とした言葉の響きに、それ以上は聞けなかった。そのとき吉阪が思い描いていたのは、語らなかったことだったに違いない。

人間という愚かな存在を醒めた眼差しで見ながら、教育者として次の世代に希望を託さざるを得ない。この矛盾と相克を乗り越える術として、人間相互の理解にとって言葉を越えた「モノのかたち」がある、と説いた。吉阪の言葉の根底には究極の人間不信があり、それを乗り越える術としての「有形学」がどうしても必要だったのではないか、と見る。

しかし、「有形学」もよくわからない。「学」と呼べるような体系的な研究があるわけではない。吉阪の師である今和次郎が提唱した「考現学」は、考古学的な手法を現在に活かす、という明快な方法論があった。フィールドサーヴェイの先駆的な役割を果たしたし、関東大震災後の庶民の生活史の資料としても貴重なものだ。しかし、「有形学」は、中味のわからないオバケのようなものだ。「モノのかたち」を通して、人間は真の相互理解を得ることが出来る、という「有形学」の必要性を熱心に説きつつ、遂に「学」として誰でも共有しうるような形にはならなかった。

むしろ吉阪は、それを避けつづけたのではないかとすら思える。「学」となれば、言葉や書物となって一人歩きし、いつしかそれは狭い意味での「思想」になってしまう。吉阪という存在から離れたところで交される体温や体臭を伴うことのない言葉は、誤読を免れない。吉阪は「学」が「思想」となる危険を察知し、それを拒んだ。だから「有形学」は、表紙と目次だけの白紙の書物として弟子たちに残された。後はおのおのが自分の問題として実践する中で描いていきなさい、ということなのだろう。

残された膨大な著述を総括することなどとても出来ないが、大きく見ると吉阪が論じたのは、研究者としての出発点であり生涯こだわりつづけた住居論、「二十一世紀の日本」に見られる都市論、世界的な視野から論じる文明論、この三つの流れだろう。加えて、U研究室で設計された建築群がある。ナマの人間と向き合う建築を「言葉なき言語」として四つ目の論と捉えたい。これら四つの流れを結び付け包含するのが「有形学」ということになる。

吉阪の言葉、文字、図には、どれも独特の癖や個性が映し込まれている。歳月が経ってみると、吉阪という極めて個性的な当人を思い描かずに、それらを咀嚼することはなかなか難しい。同じ言葉でも、発する人によって意味が変わる。重くも軽くもなる。吉阪の場合、それがあの風体であの声で発せられたとき、周囲を動かすとてつもなく深く重いものになる。しかし、人柄や風体を消去して文字や図だけになると、気が抜けたソーダのようになってしまう。これが吉阪の書き残した言葉や無数に描いた図像の欠点だろう。

一方、建築は、歳月を経ても訴求力が衰えない。歳月を味方に付けて訴える力が増すことすらある。「モノのかたち」が時代を越えて語りかけることを吉阪は知っていたはずだ。言葉の謎を解きたければ、生み出された形を見ろ、とでも言っているようなところがある。そこに「言葉なき言語」「思想なき思考」による答えがある。

亡くなった後に発刊された『乾燥嬴《なめくじ》「生ひ立ちの記」』という風変わりな名前の本がある。この本が好きだ。生前書かれたエッセイに加えて、実姉と夫人が追記を添えている。なかでも面白いのは、「五本目の脚」という表題の奇妙なエッセイだ。書名にもなっている乾燥嬴という架空の生き物が出てきて独白する、という芝居仕立てになっている。乾燥嬴は、自然を壊した人間にいつか復讐しようとしている。乾燥嬴が自分の脚について、政治、暴力、経済、イデオロギー、と説明を重ねていく。最後に残った五本目の脚が相互信頼。ところが、人間はこの五本目の脚に気付いていないという。これは吉阪の夢の中に出てきた物語なのだが、同時に、吉阪が語らなかったあの空白から発せられた言葉のようにも思える。この奇妙な物語の中に、吉阪の思考の質の全てがあり、謎の空白を探り当てる術が隠されているような気がする。

# 建築・言語なき思想としての表現

『思想』感想批評　二〇一一

伊東豊雄さんと山本理顕さんの対談を読んだ。言うまでもなく、お二人は我が国の建築家としてトップランナーである。尊敬し敬愛する先達である。キャリアも言説も、我が国建築界の最前線と言っていい。また、国際的にも活躍されており、わたしよりずいぶん年長であるにもかかわらず、いまだにクリエイティブな最前線におられる。また、なまじの草食系の若者より、はるかにシャープで柔軟な思考を、創作活動を通して表明し続けている。建築界の七不思議のひとつと言ってもよい。

わたしは一九五〇年生まれ、いわゆる団塊の世代をわずかに外れる。七〇年安保に乗り遅れたノンポリ学生だった。伊東さんはわたしより九歳年上だから、六〇年安保に乗り遅れた世代。おそらく、社会やら思想やら、そんなものは当てにならない。そこからは距離を置こう、とどこかで決めたはずだ。山本さんは団塊の世代の少し前、全共闘世代。若き日の学生時代、大学が無風だったとは思えない。その当時語られた左翼思想なんて、何の役にも立たないと実感した世代だろう。

対談を読んで感じたのは、建築という行為を言語化することの難しさだ。建築雑誌などで、時代とともに変遷し深まってきた自らの建物を総覧する、というのはよくある話だが、そこに「思想」が語られているとは限らない。この企画では、時代を参照しながら、どのような思いで創作してきたのか、という主にそれぞれのバイオグラフィーが展開されるに留まっている。

作品を通して過去を振り返る——建築を知らない人から見れば、これは新鮮なことかもしれないが、我々仲間内では、そう珍しいことではない。建築雑誌では、時たまこの手の企画が浮上する。『思想』という雑誌の誌面でこの二人が揃ったのだから、この企画がその枠を出るものではなかったことが、いささか残念に思えてならない。せっかくの機会なので、お二人の本音が聞きたかった。

改めて思い返してみると、二人とも思想的なものからは徹底して距離をとる、ということに徹してきた人ではないか、という気がする。なかなか本音を吐露しない。しかし、冷静に考えてみれば、これは当たり前のことかもしれない。わたしだって、何がしかの思想を建築の土台に据える、あるいは建築の支柱にするなんて考えてもみなかったのだから、「思想」という言葉の手前で身構えて、同じような反応になるかもしれない。

手元に一冊の本がある。『小林秀雄をこえて』。ずいぶん前に古本屋で偶然手に入れたものだ。店頭に野ざらしになっていた。昭和五九年刊、河出書房新社、定価七八〇円。古本の値段は一〇〇円くらいだったと思う。中上健次と柄谷行人が、酒を飲みながら対談している。語り流しである。中上が渡米する前の宴席を記録したような体裁をとっていて、語られているのは「物語り性」、「交通」など。酒のつまみが小林秀雄といったところ。論理の筋道が立っていようといまいと、小林を酒の肴にあれこれ球を出しながら、とことん話したいことを話している。まるで中上には残りの時間が少ないと予感しているような感じがある。遠くの景色を語る柄谷と目の前に見えているものをまさぐる中上。その遠近の重ね合わせが面白い。

伊東さんと山本さんの対談には、似たようなものを期待したのだが。どちらかに中上のような切迫したものがあれば、対談はより立体的なものになったかもしれない。いかに論理化しようと、いかにシステム化しようと、創作の最前線は自らの無意識をまさぐるところからしか発せられない。クリエイティビティの純度が高ければ高いほど言語化しにくい本質を抱え込むことになるのだ、と思い定めれば、別の語り口がありえたのではないか。

相撲取りに直前にとった自分の相撲のことを聞いてもなかなか説明出来ない。同じように、ジャコメッティに自分の彫刻のことを聞いても、ピアソラに作曲した音楽のことを聞いても、そうそうわかりやすくは語ってくれないだろう。全盛期の長嶋茂雄の話がまったく理解出来ないのも同じことだ。

山本さんは、生活の中にある無意識をさらけ出すことによって、人間の本性と向き合ってきた人だろう。その意味で若き日の討論以降、メタフィジカルな思考からは遠ざかるベクトルで創作を続けてきたはずだ。ここではあまり触れられていないが、「近代の呪縛に放て」(『建築文化』彰国社)という伊東さんの主張があった。一九七五年あたりだったと思う。近代という技術のみならず文化までを含んだ社会システムからの積極的乖離、そして離脱——少なくともその時期は、そこに伊東さんの根があったはずだ。この時期、あまりに鋭利な頭脳、見え過ぎるが故に透明にならざるを得なかったニヒルな思考が恐ろしくもあった。

もし、その近代が言語化したものを「思想」と呼ぶとすれば、伊東さんの態度そのものは反時代的ではない。時代の思想に反旗を翻すことも、また思想的にならざるを得ないからだ。伊東さんの態度は反時代ではなくて反思想とも呼ぶべきものではないか。気分としては積極的乖離、あるいは時代の虚数のような世界をつくりたかったのではないかと想像する。だから、あえて言えば、伊東さんに思想を問うてはいけないのかもしれない。それは、思考されたもの、つくられたもののなかに言語化されない虚の価値として存在していると捉える方が自然だ。

そもそも、思想とは何のことを言うのか。何のために存在しているのか。果たしてそんなものは過去に於いて存在したことがあるのか。彼ら二人は、そんなものは不要なのだ、そんなものはなくてもここまで生きてこられた。自分たちがその証である。当てにならないのは、一見説得力のあるもの、一見論理的なもの、他人を動かすようなもっともらしい言葉だ。そんなふうに言外に言っているように読めた。

オルテガ・イ・ガセットが、一九五一年、ダルムシュタットでの建築家のシンポジウムで面白いことを言っている。「人間とは、人間である限り、事故に見舞われた欠陥動物のように思える。であるから人間は世界に適応してはいないし、だから人間は世界に帰属してはいない。だからここにおられるみなさんが創造しようと思う——おそらくだんだんと可能となる——新しい世界を、人間は必要とするのである」(『哲学者の語る建築——ハイデガー、オルテガ、ペゲラー、アドルノ』伊藤哲夫・水田一征編訳、中央公論美術出版、二〇〇八)。

この「事故に見舞われた欠陥動物」というところがいたく気に入った。この話に乗るとすれば、建築というフィールドは、いわば事故現場だろう。世の中の人は、建築という様々な事故現場を見ているのである。建築家が自らを語るのは、事故現場の当事者の証言のようなものであり、評論家が建築を語るのは現場検証だろう。建て主が語る時は、同乗者の証言ということになるし、建物を使う人が語る時は、事故車のその後の使い勝手の感想ということになろう。

悲惨な事故は困るが、オルテガが励ましているように、多くの事故は欠陥動物たる人間が、より世界に適応しようという意志の表れでもある。意志のない所に事故は発生しない。また、どこかへ、それも必死で辿り着こうとするから、事故は起きるのだ。もし、何も思わなければ、建築という行為のすべては無意識の領域へと後退する。その膨大な結果が、どこにでも目にするありきたりの風景だ。

この意志こそが建築の本来的な思想と言えるものかもしれない。それは容易には言葉にならない。たとえば、薬師寺や法隆寺の伽藍配置や建築様式をいくら語っても、教義との結びつきをいくら説明しても、建築に込められた意志は語り尽くすことが出来ない。コルビュジエの建物を近代建築のロジックでいくら説明しても、その本質は半分も語れない。

つまり、もともと建築の本質と言語は相性が悪いのだ。どちらも構築的でありながら、異なるテリトリーをカバーしている。それらを架け渡すには、たぶん、かなりの知恵とアイデアがいるはずだ。この対談では、そのことが顕在化したように思える。

ここまで書いてきて、そろそろなにか結論めいたことを述べねば、と思っているところに大震災が来た。こういうことがあると、正気に戻るような気持ちがする。わたしの述べてきたことは、所詮は日常の思考である。日常の思考というのは、意識に幾重にも観念というベールを掛ける。それを払いのけようと思考を繰り返すわけだが、大災害のような生死に関わることが起きると、人がつくり出した社会システムの全貌が一挙に見えてくる。日常生活では忘れ去られている大地震や大津波、さらには原発。無いものとして消去していたものが、一挙に浮上する。

　建築という文化は、永らく小さな物語づくりに拘泥してきた。自分探し、それも建築家自身の自分探しとアリバイづくり。そのための自由を追い求めてきたように思える。しかし、こういう光景を目の当たりにすると、そこで享受してきた自由など、誰がどう言おうと単なる余剰だったのではないか、と言いたくなる。それは、国を挙げての戦争が六〇年以上もない、という歴史的にも希有な平和を享受するなかで生み出された夢のようなものではなかったのか。戦後、建築という文化が生み出してきたものは、「愚者の楽園」における蜃気楼のようなものかもしれない。

　我々はやはり「事故に見舞われた欠陥動物」なのだ。建築という思考――果たしてそれは生存と結びついているのだろうか。我々はこのことを問い直さねばならない。人は忘れやすい。これだけの惨事も、やがては日常の波にかき消されていくだろう。そう考えれば、日常こそが、つまり人々の無意識こそが、津波のようなものかもしれない。

# 性悪説の街づくり

udc創立二〇周年記念　二〇〇九

今から二〇年前、バブル経済のまっただ中、空前の好況に湧く中で「三K」という言葉が流行った。「キケン・キタナイ・キツイ」。主に工場や建設現場に従事するブルーカラーに対して、それを蔑む意味で若者たちが口にするようになった。要するに「カッコワルイ」ということだ。

その頃、わたしは建築家としてローコストの仕事ばかりしていたから、この言葉に怒りとともに危機感を持ったのを覚えている。現場を支えているのは、そして建物の質を陰で支えているのは、無数の名もなき職人たちだ。それを「三K」と呼び、社会の片隅に追いやっていいはずがない。このとき、幾度かジャーナリズムに警鐘を鳴らしたが、誰も聞いてくれる人がいなかった。時代とはそういうものなのかもしれない。

その後の経過を見れば、わたしの予想は悪い方で的中した。詳細は述べないが、一言で言えば、モノづくりや現場の「空洞化」である。一昔前は、愛想はすこぶる悪いが腕のいい職人や経験豊富な現場監督がたくさん居たが、今ではめったにお目にかからない。つまり、自分のつくり上げる物、自分の仕事に誇りを持っている現場の人がめっきり少なくなった。

至極当たり前のことだが、「カッコワルイ」職場には若者は行こうとはしない。第一、モテナイ。誰もが高層ビルの無菌化されたオフィスで管理職として働くことを望むようになった。汗水たらして働くのは「三K」なのである。余談だが、今では「新三K」と言うらしい。「キツイ・カエレナイ・キュウリョウガヤスイ」。こんな言葉が若者たちから出るようでは、この国の未来も暗いと言わざるを得ない。

何故こんなことを長々と前置きで書いたかと言うと、実は街づくりも真剣に取り組めば気分としては「三K」だと思っているからだ。ひょっとしたら「三K＋新三K」かもしれない。要するに、目立たず地味で、手間が掛かり、交渉ごとばかりで苦労が多く、そして疲れる。どう考えてもカッコイイ役回りではない。街づくりを真剣に考える役人、自分の仕事を投げ出してでも取り組む市民、なんとか知恵を出してサポートしようとするコンサルタントや学者、つまりudc（都市づくりパブリックデザインセンター）の周りに集まる我々がどのように思っているかは別にして、冷静に見れば、様々なことを犠牲にしてでも取り組むようなカッコイイ役回りだとは世間からは思われていない。

「金か、名誉か、快楽か」というと何やら品性卑しいものの言い方に聞こえるかもしれない。わたしの提唱したい「性悪説」である。あえて偽悪的に言っているのではない。現実的に物事を言おうとしているのである。「三K＋新三K」の世の中を動かすには、人間の心理に素直に向き合うことだ。いくら美しい社会的正義を説いても、多くの人を動かすことは出来ない。現代的な「性悪説」で臨んではどうか、というのが提案だ。これは歴史的に幾度か繰り返し提唱されてきたことだ。よく知られているのは荀子やマキャベッリだ。要は、現実主義である。理想は持っていても、それを強要するのではなく、ありのままを捉えて現実を改変していこう、という態度である。なにも卑しい考え方ではない。

「金も要らぬ、名誉も要らぬ、酒も女も要らないけれど、禿げた頭に毛が欲しい」。記憶が確かであれば、たしか中野重治が晩年座興で呟いた都々逸だったはずだが、これがけっこう好きな言葉で、何かで行き詰まった時には何故かこの言葉が浮かんで来る。所詮人間なんてそんなもの、という投げやりな諦観と俗っぽいオチが好きだ。ここから連想して、中野重治ほどの人物はそういはいないはずだから、一般的に物事を動かすには、この三つだと考えた。

資本主義経済ではもっとも実利に近い「金」に関しては言及するまでもない。「名誉」は、「誇り」や「矜持」や「尊厳」と言い換えてもいい。「快楽」は、単純に考えれば「モテル」ということ。「気分がイイ」や「嬉しい」といったことまで含む、脳の快楽中枢に働き掛ける外部的要因と言ってもよい。全てが揃うなんていうのは理想に過ぎない。一つではパワーが足りない。しかし、この中のせめて二つあれば物事は必ず動く、と思っている。複雑なプロセスを辿る街づくりに於いては、局面ごとにこの中の二つを組み合わせる必要がある。「金と名誉」、「名誉と快楽」、「金と快楽」のどれかの組み合わせである。こう考えれば、後はその要素をどのように仕込んでおくかである。

振り返ってみると、戦後、国づくりも街づくりも理想主義的なビジョンを掲げ過ぎたのではないか。この間、なんと無数の美しいだけのビジョンが描かれたことか。計画論としては、現実の絶え間ない改変を目指すべきだったのではないか。今さら言っても仕方がないが、もっと早い時期に「性悪説」的立場を鮮明に取るべきだったかもしれない。

「わかっちゃいるけどやめられない」とはスーダラ節の文句だが、これは厳しい状況を生き延びるために編み出した戦後日本人の知恵だろう。その結果の巨大な集積が眼前にある街の姿だ。しかし、みんな「わかっている」のだ。街づくりは難しい作業だと思われているが、わたしはそうは思っていない。「性悪説」、つまり人の心理の現実を直視すれば、むしろ、至極簡単なことを難しく考えているだけに過ぎない。「金か、名誉か、快楽か」、それを場面ごとに組み合わせる知恵と工夫があれば物事は動く。動くことさえわかれば、「三K」も「新三K」も過去のものになるはずだと思っている。

# 病院建築について思うこと　二〇一一

一昨年、父が八八歳で亡くなり、今は母が重い病気にかかり、さらには妻も病気で倒れた。御難続きである。そういうわけで、昨年来、いくつかの大きな病院に通いつめたせいで、これまであまり縁のなかった病院や病室の空間にだいぶ詳しくなった。

言うまでもなく、大きな病院は戦場である。医師や看護師さんが疲れきった顔で忙しく立ち働いている。野戦病院のような過酷な職場であることは、足を踏み入れてみれば直ちにわかる。人の命を扱う病院という場所が、このような状態で良いはずがない。こんな環境を少しでも良いものに出来ないものか。誰でもそう思うはずだ。

混迷を極める制度的な不具合には踏み込めないにしても、せめて建築的になにか貢献することはないのか。建築の設計にたずさわる者なら、かならず心を痛めるはずだ。建築の分野では、計画学というテリトリーが、長年これに取り組んできたはずなのだが、はかばかしい成果を挙げているとは言い難い。

その理由は、容易に想像出来る。第一に、医療技術の進歩に建物のハードウェアがついていけていない。現代は、一九世紀の産業革命以来の技術革新の最中にある。コンピュータの性能は、ここ数十年、おおよそ年に二倍のスピードで進化し続けている。年に二倍ということは、一〇年でおよそ千倍ということになる。医療もこの流れの中にある。ＣＴやＭＲＩといった電子化、カルテなどの情報化、その他、医療機器の進化は目覚ましい。それらを場当たり的に受け入れていく中で、病院内の動線が錯綜してくるのも当然のことだ。この先、医療の情報化はさらに加速度的に進むだろう。その先は、iPadのようなものを持って診察をする医師や看護師の姿は、すぐそこまで来ている。その先は、ロボティクス技術が入って来るだろう。

第二は、病院施設のすべてが二四時間三六五日を通したハードユースであること。つまり、施設としての消耗度が著しく激しい。新しい建物でも、すぐに疲れてくる。こんな施設は、コンビニや電化製品の量販店以外にない。コンビニや量販店なら徹夜で模様替えも可能だが、病院はそういうわけにもいかない。だから、施設そのものを使い捨てにせざるを得ない。ダメになったら別の場所に建てて移転する。そういう宿命を負っている。これが、建物そのものに投資をしない、という安易な考え方に結びついていく。しかし、補助金を当てにして建て替える世の中ではなくなってきていることも確かだ。まったく新しい形式の病院建築の在り方が求められているのではないか。もっとちゃんとつくって長く使う、という考え方があるはずだ。

いろいろ事情はあるにせよ、患者にとって病院は命をまな板に載せる空間である。人生最期の空間となるかもしれない。そこは、果たして人間の尊厳を受け止めるだけの空間になっているのだろうか、という素朴な疑問も湧いてくる。わたしなら今の病院で最期を迎えたくない。病院という空間に身を置いて、患者はどのようなことを思い浮かべるのだろう。これは、まぎれもなく医療の側の問題ではなくて、建築の責任である。

まず、外観に失望する。病院建築は、白いタイル張りがほとんどで、あとは最近流行のマンションみたいなデザインであることが多い。どれも凡庸さを良しとしている。病院の使命は自明のことなのだから、あえて外観の意味を問わない、とでも言うのだろうか。多くの設計者は、既成のデザインボキャブラリーの中から、無難な手法を選んで当てはめているだけだ。なんと安直な姿形であることか。内部空間も、既成のデザイン言語を要領よく張付けただけのものだ。なにより不満なのは、天井が低い。建物のコストを下げる一番の近道は、フロアとフロアの高さを切り詰めることだ。高層マンションがその最たるものだが、病院建築の多くもこれに倣っている。この程度のことで病院の空間はつくられているのである。

この国で、心ある建築家が全精力を注ぎ込んで設計された病院は、残念ながら皆無と言ってよい。病院は極めて複雑な設備機器の集合体であり、それを建築空間として統御することなど不可能なのだから、組織的な設計事務所、あるいは病院に精通した設計事務所、そうでなければゼネコンの設計施工、というやり方で依頼するのが無難だ、ということになっている。

しかし、患者にとって、建物は自らの命を託す対象でもある。患者は、コンビニや量販店を訪れるような客ではない。人間というのが創造的な存在であるという前提に立てば、その命を受け止める空間が、無味乾燥で効率的な思考だけでつくられていてよいはずがない。建築はその施設の精神が発露する場である。命をあがなう場としての病院に、大きな創造の力が必要とされることは言うまでもない。

現在、大きな病院を転々とした母が入院している病院は、中程度の規模の病院だ。ここの建物には大病院にない精神の発露がある。明らかにある意志をもって設計されていることがわかる。建築家が病院の設立者の志を汲み、それを空間として表現したことが感じられる。好き嫌いは置くとして、この、意志をもって、というところがとても大切だ。人はその意志に対して身を預けるのである。口うるさい母も、ようやく納得してくれているようだ。

病院こそは、建築がもっともその本来的な力を発揮し、その使命を果たすべきフィールドだという思いを強くしている。

## 「あるべき場所」を作ってきたか　二〇一〇

若い頃、マドリッドに二年ほど住んだことがある。毎週のようにプラドに通った。ルーブルにモナリザがあるように、プラドにはベラスケスのラス・メニーナスがある。この美術館のまぎれもない主役だが、わたしには何故この絵が歴代の画家をかくも惹き付け、多くの人を魅了し続けているのかわからなかった。確かに技巧は凄いが、それ以上の感動は何度見ても心の底から生まれてこなかったのである。

やがて、美術館の館長が変わった。その日のことは今でも覚えている。絵の配置が変わったのである。ラス・メニーナスは小さな王女がこちらを向いて佇んでいる構図だが、画面右手に大きな窓があり、そこから光が差し込んできている。以前のこの絵の配置は、窓からの光と関係なく置かれていた。

新しい配置は、絵に合わせるように画面右側に窓が来るように配置されていた。絵の中の光と実際の光を一致させたのだ。この時の絵の輝きは、それまでと違って素晴らしいものだった。絵が「あるべき場所」に置かれたのだ。

このことは、美術館というものと、美術というものの不可思議な関係性を象徴している。画家のアトリエであろうが美術館であろうが、芸術には「あるべき場所」が必要だということだ。美術は、その置かれた「場所」によって、本質を開示もし隠したりもする。

実際に幾つか手掛けてきたが、美術館という建物は、美術から「あるべき場所」を奪ってきたのではないだろうか、という疑念を払拭出来ない。

暗い箱に閉じ込めて、たくさんの美術品を展覧することが常識になっている。保存という管理上の問題、そして巡回展という運営上の問題、そうしたことを考えればやむを得ないことは理解出来る。文化を次の世代に受け渡していく美術館の公的な使命を考えれば、至極当然のことだろう。しかし同時に、このことは美術から本当の「あるべき場所」を、そしてその場所で生まれるはずの「本当の感動」を奪ってはいまいか。

ここで問いたい。設計者は、この矛盾と正面から向き合っているだろうか。この矛盾に心を痛めないまま美術館を設計することは、文化総体としての大きな損失を見過ごすことに等しい。設計者として、美術にとって本当に「あるべき場所」を創出する努力を、技術的側面のみならず心理的側面からより一層探求するべきだと考える。

どこで読んだのだか記憶が定かではないのだが、明治の末頃に上野で博覧会があり、岡倉天心が、せめて美術品を展覧し得る恒久的な建物があれば我が国の美術がもっと発展するものを、と書いていたはずである。天心のこの叫ぶような言葉が我が国における美術館建築の出発点にある。わずか一〇〇年前のことだ。

しかし、展覧とは息苦しい言葉である。もうその時代は過ぎた。美術館というインフラは充分すぎるほど整備された。美術にとって本当の「あるべき場所」を模索する時代が来てもよいはずである。

# 不均質なものの詩学

山田脩二／達磨窯　寄稿　二〇〇九

山田脩二について書く時、いつも「脩」の字で苦労する。わたしのパソコンではこの字が出ない。いつもイライラさせられる。このイライラ感は、山田脩二そのものに感じることでもある。シマツにおえない。異端なのだ。しかし、山田脩二はヤマダシュウジなのだから仕方がない。その存在の大きさは誰でも認めざるを得ない。だから、わたしはヤマダサンと敬意を込めて呼ばせていただいているが、ヤマダサンの方はわたしをナイトウと呼び、時にはその前にクソケンチクカの、アホケンチクカのという形容詞が付く。七〇近くのこの老人（失礼）をわたしの事務所ではヤマシューと呼んでいる。内藤さん、ヤマシューからまた電話ですよ、みたいな呼ばれ方をしている。ヤマシューという呼ばれ方をされるのは、愛されているからだ。距離が近い。ちなみにわたしは事務所でも大学でも、ナイトウサンと呼ばれている。たぶん、ヤマシューは距離を許さないんだろうな。写真だって対象物と情を交わさなきゃ気が済まないようなものばかりだ。だから写真が湿っているのだ。この湿度がいい。

ところが、カワラとなると、最近のカワラはどれも良く出来た優等生ばかりではないか。ブレンドされた土で成型されガス窯で焼く。ホイホイと出来上がる。本来持っていた微妙な風合いなどおかまいなしだ。どれも同じで、均質で、確かに大都会に売る工業製品としては優れているかもしれない。カワラ業界は昨今なかなか苦しい。食うためには仕方ないかもしれないが、それでカワラ本来の持ち味を手放したとしたらマズいんじゃないの、ということをヤマシューはダルマ窯の建ち上げで言いたいんだろう。

時代というのは恐ろしい。全く違うことのようなことでも、よく見れば起きていることは似ている。カワラで起きていることはコンクリートでも起きている。みんな大建築家のマネをして、きれいな打ち放しコンクリートに走ったあげく、どれもこれも同じような表情しか持たなくなってしまった。これも流行なんですかね。きれいな打ち放しコンクリートの作品ばかりが目立つ建築雑誌を眺めていたら、無性にコンクリートが可哀想な気がしてきた。生真面目で優等生、けっして人の心を逆立てない。モノとしての距離が遠いのだ。だから、ナイトウサンもコンクリートらしいコンクリートをやってみたいと思っているのだ。

コンクリートは、もともと状況次第で千変万化する材料だ。砂や骨材、セメントの種類、打設状況、型枠や剥離材、そういうものが寄せ集まって出来るローテクノロジーだ。だから構造そのものも、もともとはその分ゆとりをもって考えることになっている。眉間にシワを寄せてピリピリしながらつくる材料ではない。精度を求めずおおらかにつくる。そう出来ないように縛り付けているのは、デザインの好みと堅苦しい現場管理体制だ。責任ばかりを言いたてる管理社会では、おおらかにつくろうとすることは異端になる。重くて、荒くて、不均質、在るがまま、そんなものは出来ないだろうか。

出来るだけ荒っぽいコンクリートを打ちたい、きれいで均質な表面なんか要らない、型枠も普通のベニヤでよい、コンクリートは型枠という型に流し込み鋳込んでつくるのだから、ナマナマしく不均質でよい、コールドジョイントなんかもあれもひとつのコンクリートならではの味なんだから気にしない。ある建物でこんなことを言ったら、現場所長にたいそう困った顔をされた。あきらかに慌てている。気を遣わなくてよい、手を抜いてもよい、いいかげんでもよい、とワザワザ言っているのに、有り難がるどころか迷惑そうなのだ。しまいには、頼みますからきれいなコンクリートを打設させてください、と言い出す始末。

三〇年前、まだ駆け出しの頃のことだが、打ち放しコンクリートは異端だった。その頃は、きれいなコンクリート表現をやろうと思っても、現場で苦い顔をされた。それが今は逆転している。社会というのは恐ろしいものですね。きれいでなくすること、あるがままにすることは、今ではもっとも難しいことのひとつになった。

世の中には均質な工業製品が溢れている。それは、世の中が製品として購入するからには、そのクオリティが保証されていて欲しい、と考えるからだ。それがモノと対価が釣り合うことを前提とする資本主義社会のルールなのかもしれない。つまり、世の中が不均質を拒んでいるのだ。建築というのは、建主や土地なりにひとつずつ違う。だから、建築という価値そのものの本質的な属性は不均質であるはずなのに、モダニズムやインターナショナリズム、そして工業化住宅はこれを否定した。

工業製品のように世界中どこでも同じクオリティーを提供するのだ、という建築のテーゼは、一見、貧しい人たちの正義の味方のように見える。ユニバーサルスペース、均質空間、最近ではスーパーフラット。しかし、これらが商業主義や社会制度の見えざる走狗であることはもはや自明のことだ。技術的な成熟と社会の成熟、それとともに建築に不均質さを呼び込むこと、それは建築という価値に人間を呼び戻すことでもある。そのことが建築の新たなテーゼとして浮上しつつあるのではないか。

ヤマシューは直感の人だ。彼がカメラのファインダーから覗いて感じ取ったこと、カワラを焼くことから感じ取ったこと、それは均質さへの嫌悪ではなかったか。対象物が均質であれば、焦点をどこに合わせたらいいかわからなくなる。距離の取り方がわからなくなる。情を交わすことも出来ない。だからヤマシューは苛立つのだ。

いまさら達磨になるつもりでもあるまい。カメラマンからカワラマンに転じて二十数年、ヤマシューがカワラに向き合っていた時間は、達磨が壁と向き合っていた九年を遥かに越える。要は均質で優等生的な工業製品のカワラをよしとする瓦業界と建築業界、さらにはその先にある世間に棹さしたいんだろうな。ダルマ窯をつくりたくなる気持ちは理解出来る。そんなもんじゃねぇだろう、と黒々とした狼煙を上げたいに違いない。

# 終わりのない都市の物語

北沢猛氏追悼文　二〇一〇

誰であれ志のある都市計画家を思うとき、その職業の難しさと悲しさを思わずにはいられない。彼らは一〇〇年を夢想し、理想を思い描き、今日の日常的な無理難題を扱う。それでいて、都市の時間に終わりのないこともよく知っている。華々しくテープを切るようなゴールなどない。すなわち、すべてはプロセスであって、目の前の現実は過ぎ去る一側面でしかない。そのことを誰よりも熟知している。また同時に、自らが夢想する未来もまた過ぎ去る一側面でしかないことも知っている。人間のそして人間社会の性を嫌というほど見ながら、それでも社会の改良を諦めない。都市計画家とはそういう存在なのだと思っている。難しさと悲しさが浮かぶのはそれ故だ。

北沢猛という人は、まさにそういう人だったのではないか。

北沢さんに初めてお目にかかったのは、一九九四年、みなとみらい線の駅の設計の何かの会合だったと思う。当時、わたしは一建築家としてみなとみらい線・馬車道駅の設計をしていた。元町・中華街駅を担当する伊東豊雄さんらとともに委員会へ具申する立場だった。北沢さんが横浜市の都市デザイン室長になられたのは九五年だから、その直前でこのプロジェクトの市側の調整役のような立場だったと思う。いかにも頭脳明晰なテクノクラートという印象を持っている。それは外向きの顔で、北沢さんが情の人だと知ったのはずいぶん後になってからだ。

わたしが二〇〇一年から東京大学の土木学科に招聘されて教壇に立つようになってからは、しばしばキャンパスでお目にかかった。雇われ傭兵であるわたしのミッションは、土木と建築と都市をつなぐことだと勝手に思い込んでいたのだが、実務に通じた都市計画家として呼び戻された北沢さんも、おそらく同じようなことを考えておられたと思う。わたしは右も左もわからぬ所に連れてこられたわけだが、北沢さんは自分の故郷に戻ってきたのだからもちろん立場は違うだろうが、考えていたことは似たところがあったのではないかと思う。

都市の複雑な問題は、建築・都市・土木がスクラムを組んで解決しなければ、到底解決出来ない。都市が規模拡大していく時は、やることはどんどん増えていくのだから、それぞれ分業態勢で臨むしかない。しかし、都市が成長の勢いを止め成熟化していく過程ではこれと反対のことが起きる。都市が文化を孕む時だ。実は、こちらの方が遥かにデリケートで難しい。建築・都市・土木が、それぞれ違う文化を育ててきたことは認めるにしても、それは高度成長モデルなのだ。時代はこれらの融合を求めていることを誰よりも知っていたのは北沢さんだったはずだ。時代のパラダイムはもうすでに変わってしまったのに、現実の動きは遅い。行政の実態に精通していた北沢さんには、それに対する危惧があったに違いない。

しばらくして、北沢さんの博士論文の副査を依頼された。戦後の横浜の都市計画を総覧するもので、企画調整局から都市デザイン室へと、時代とともに在り方を変えながらも連綿と綴られた都市デザイン形成史ともいえる大部の論文だった。タイトルは「空間計画と形成方策の多層性に関する研究」。それを読めば、横浜においてどのように都市デザインが誕生し、悪戦苦闘の末に今日を迎えたか、百年の計が如何にして現実のものになっていくかが辿れる。冒頭に述べた感慨は、まさにこの論文を読む中で感じたことである。

「都市デザインは、空間が生まれそして生きた空間として持続される具体的な場面において力を発揮するものであり、計画論やプロセス論として整理されるものではない。目標を描き空間として実体化することが、都市をデザインするという行為である。一つひとつの空間に関わる人々やその行動原理が「全体として価値ある空間」を創り出す方向に動いていくためには、具体的な空間デザインと制度や組織などの社会システムの両者が必要になる。」

都市デザインの現場に身を置いた北沢さんにしか語れない言葉である。

全て都市の発展はプロセスの一断面でしかない。あらゆる都市の物語に終わりがないように、横浜もまた、まだ終わりのない物語の途上にある。それでも、横浜が大きく変わったことは誰もが認めるところだ。様々な公共空間にデザインが加えられ、そこに都市デザイン室が大きな役割を果たしていることは、なによりも市民が一番よく知っている。この信頼関係は、長年に渡る不断の積み上げの成果である。また、北沢さんが常に念頭に置いていたであろう空間デザインと社会システムの連携の成果でもある。

四年前、北沢研究室は新設された柏キャンパスに拠点を移した。学融合を目指す新しい領域を扱う「柏」は、まさに北沢さんにふさわしい場となったのではないか。しばらくして、UDCKという聞き慣れない横文字が並んだ小冊子が届くようになった。北沢さんが代表を務めておられたUrban Design Center Kashiwa-no-haの略だと知ったのは、しばらくしてからだ。UDCK設立の経緯は詳しく知らないが、街に対する活動拠点のような動きをしようということだったのだと思う。柏の葉キャンパス駅前に建てられた仮設の建物を根城に、まさにこれから街をつくっていくところだった。志は受け継がれていくと思うが、リーダーを失ったことは残念でならない。

全く想像でしかないが、晩年の北沢さんの動きは、ハードウェアよりソフトウェアの方に関心が移りかけていたのではないか。ＵＤＣＫの動きに明らかなように、場をつくるための都市や建物というハードウェアはあるにせよ、そこに展開される活動やそこで生み出される都市のソフトウェアに重きがあったように思う。

終わりのない都市の物語は、たとえそれがプロセスであったにせよ、そして、それがたとえ見果てぬ夢であったとしても、空間デザインを旋律に、そして社会システムを通奏低音に、より美しい韻律を奏でることが出来るはずだ。ソフトウェアとはその韻律のこと。その韻律にこそ人間社会の希望がある。そんな北沢さんの言葉が聞こえてくるような気がする。

# 時代と間合い

伊藤ていじ氏追悼文　二〇一〇

一昨年、企業誌の企画で、初めてお話を伺うことが出来た。著書の解題というテーマで、時代を画してきた本の著者にお話を伺ってきた。伊藤ていじ先生へのインタビューは、三年間続けてきたシリーズの終盤を飾る企画だった。お目にかかってお話を伺ったのはその時だけだったが、強烈な印象が頭の中に残っている。

どのような人であれ、向き合った時に交わされる会話には「間合い」がある。具体的なお話を伺うインタビューであれば、特にこの点にデリケートになる必要がある。聞く側が「間合い」を間違えて踏み込み過ぎれば、礼を失して相手は不機嫌になる。切られるのである。それを恐れて遠くからだけ質問をすれば、型通りのつまらないものになってしまう。

一言でいえば、伊藤先生は「間合い」がまったく計れない方だった。どのような距離感でどのようなことを伺ったらよいのか、その「間合い」がわからないから、お話を伺っていてこちらが不安になったのを覚えている。その不思議な感触がいまだに残っている。知識の幅がとてつもなく広く、思考の深さが深い。

先生には申し上げる機会を逸したが、実は、わたしの父は先生と似た境遇を生きた。父は航空学科で畑違いだが、同学年で同い年、戦後すぐに肺結核にかかり生死の境を彷徨ったことがあり、輝くはずだった二〇代を棒に振った。昨年末逝ったから、ほぼ同じ時代を似た境遇で過ごしたことになる。

勝手な想像だが、若い時期に生死の境を彷徨った人の思考は、多少の捻れと醒めた思考をもたらすのではないか。表現しづらいのだが、人の営為を刺し貫くような透徹した目線、その馬鹿さ加減を慈しむ目線、それらが同居している。「間合い」など計れようもない。その思考は、戦後をヌクヌクと生きてきた我々の想像を遥かに超える。

先生は、時代を越え、時代を見通す力を持った希有な方だったのではないか。様々な警句を残して先生は逝かれた。その一言一句を心に刻みたい。

# おおいなる矛盾を生ききった人

林昌二氏追悼文　二〇一二

建築界にとって大きな存在が消えた。日建設計という巨大設計組織を育て上げたばかりでなく、その中心にあって常に建築の意味を一人の建築家として正面から問い続けた人だった。人は生きていく上で幾重にも重なった社会構造を受け入れ、それに応じた役割を果たしていく。林さんは、巨大組織を運営する幹部であり、社内の設計チームを率いるリーダーであり、一個人として建築家であり、独特の個性を持った林昌二個人であり、そして林雅子というたぐい稀な才能を持った女性建築家の夫であった。林さんはそのすべての役割を引き受け、異様なほど誠実に果たし、そして生ききった人ではないかと思う。

この多面性を持った人生は、外から見ればその立ち位置によって様々な見え方をするだろう。どの立ち位置にいる人にとっても一筋縄ではいかない人なのだ。林昌二のすべてを見通せる人物は林雅子をおいて他にはいまい。

相互に矛盾し本来ひとつになりようのないいくつもの立場が、外から見ればあたかも均整を保って林昌二という人格の中に納まっていたのは、林さんの強烈な個性と豊かな想像力がそれらをつなぎ止めていたからだろう。当然のことながら、その内側では立ち位置相互の矛盾がクレバスのように開いていたのだと思うが、それを毒舌と諧謔でつなぎ合わせていたに違いない。生涯にわたって、歯に衣着せず発言し文章を書くことを止めなかった。それをまとめたのが二〇〇四年に出版された『林昌二毒本』である。表紙カバーのデザインにご自分の脳の断層写真を配するという洒落のきかせようである。

林さんの文章は、一読すればわかるが、極めて平易でわかりやすい。小難しい言葉や複雑な論理を振りかざしがちな建築界にあって、平易な言葉で本質的な内容を語り得る数少ない名文家であった。頭の良い人なのだろう。文章を一読すれば、論理の筋立てや言葉の裏側に透明で聡明な意識が裏打ちされているのがわかる。そして、読むものを飽きさせないサービス精神も忘れない。それが林流である。

一方、その語り口に欠点がないわけではない。時に批評文は、鋭利な刃物となって人を切ってしまう。反発する人も多かったはずだが、言っていることは正しいので反論は出来ない。言われた側は、反論出来ない分、複雑な感情を内部に潜めることになる。しかし、よく読めば、書かれている内容は林さん個人の煩悶でもあること、自らにも向けられた言葉であることがわかる。けっして、自分を安全な場所に置いての発言ではない。しばしば批評の餌食となったのがアトリエ系と呼ばれる建築家たちだが、彼らが抱え込むナイーブで不確かな感覚的な世界を慈しむ気持ち故の発言だった。創造的であることの大切さを誰よりも知る人であった。多くの人を惹き付ける林さんの真の魅力は、ここにこそあったのではないか。

代表作は幾つもあるが、なんといっても歴史に名を刻むのはポーラ五反田ビル、銀座の街角に建つ三愛ドリームセンター、お堀端に建つ竹橋のパレスサイドビルだろう。中でもパレスサイドビルは、丹下健三の代々木体育館や前川國男の東京文化会館と並ぶ戦後の名作である。揺るぎのない均整のとれた立面のプロポーション。そして五〇年近くを経てもデザインがまったく古くならない。それどころか、鋳物の雨樋やルーバーが渋味を増して独特の味わいを醸し出してきている。いまやあの建物は、お堀端の風景の一部になっている。まさに若き日の林さんの気迫のこもった渾身の一作である。

晩年、友人である建築家の鈴木恂さんやデザイナーの松本哲夫さんと連れ立って落語を聞きに行っていたという。人間林昌二の一面を垣間見る。失礼を承知で、風貌が俳優のデニス・ホッパーに似ている、と申し上げたところ、それはたいへんな褒め言葉だね、ととても嬉しそうに言われた。はにかんだ独特の笑顔が、やはりデニス・ホッパーに似ていた。

五年ほど前のこと、東大で講演をお願いした後の酒席で、一高のコンクリートの屋根に焼夷弾がポンポン音を立てて跳ねたこと、本当は飛行機の設計をやりたかったこと、その飛行機がWTC（ワールド・トレード・センター）に突っ込んだ複雑な思い、たくさんのエピソードを伺った。

また、一晩で一〇万人の死者を出した東京大空襲とそれを指揮したカーチス・ルメイを許すことが出来ない、とも言われた。さらに、戦後そのルメイに勲章を与えたこの国の節操のなさも嘆いていた。レーモンド設計による戦後の名作リーダーズ・ダイジェストビルを壊して建てられたパレスサイドビル。レーモンドのデザインに敬意を表しつつ、焼夷弾の実験に手を貸したことへも言及した。その複雑な思いがパレスサイドビルのデザインに独特の陰影を与えているような気がする。オフィスビルの勧進元のアメリカのモダニティに敬意を表しながら、同時に東京大空襲を許せない気持ち。心の内に複雑で大きな矛盾を抱えていたことを知った。

林さんが育てた組織は林さんが当初思ったような姿になっていますか、と問うたことがある。とんでもない、という答えが即座に返ってきた。その言葉には、愛するが故に発せられた響きがあった。おそらく、組織という言葉を社会や建築界という言葉に置き換えたとしても、同じ答え方をされたと思う。かつて、その社会が建築を創る、と発言されたことが甦る。社会も建築も、そしてその社会と共にあろうとした組織も、かつて林昌二の思い描いていたのとはずいぶん違うものになってしまったようだ。

ハンチング帽をかぶったオシャレな姿をもう見ることは出来ない。そしてあの独特のユーモアたっぷりの毒舌が聞けなくなってとてもさみしい。

# 温かな諦念の人

花田勝敬氏追悼文　二〇一二

大学院を出てすぐスペインに渡り、二年ほど設計事務所に勤めた後、シルクロードを放浪して帰国しました。帰ってしばらくは、勤めるつもりもなくブラブラしていました。向こうの事務所でデザイン的な素養は積みましたが、建築実務を何も知りません。そんなわたしを心配したのでしょう。師匠の吉阪先生に言われて菊竹事務所の門を叩きました。

事務所では異端児、そのくせ実務は何も知らない。扱いに困る存在だったと思います。そんなわたしが配属されたのが花田勝敬さんのチームでした。変わり者も花田さんの下でなら何とかなるだろう、と菊竹さんが思ったに違いありません。けっして激することなく、終始変わらず丁寧に手取り足取り教えていただいた記憶があります。

いつも菊竹さんが考えていることに細心の注意を配りながら、どのような状況下であれ冷静沈着、何も知らない部下のわたしに適切なアドバイスをしてくれました。その甲斐もあって、激しい気迫をぶつけてくる菊竹さんとの打ち合わせで、面罵されるように怒られたことはありませんでした。菊竹事務所で過ごした日々は、花田さんに守られて過ごしたのかもしれません。

勤め始めた頃は、事務所は四ツ谷駅近くのビルとその隣の広い庭のある住宅に分散していました。住宅には所長のセクションが置かれ、庭にはプレハブ二階建ての現場小屋があり、一階は倉庫、花田チームの仕事場はその二階にありました。真面目なタイプの所員はビルの方。プレハブ組は、いわばカテゴリー外。花田さんは、そのクセのあるアブレ者たちの兄貴分であり、まとめ役でした。喋りまくる秋山恒夫さんや飄々としてとらえどころのない佐々木彬さん、灰汁のつよい役者ぞろいでしたが、みんな花田さんを頼りにしていたと思います。花田チームのメンバーは、花田さんの言うことなら間違いないと思っていたはずです。クレバーな人でした。一年ほどして事務所は池袋のサンシャイン六〇に移りますが、わたしの見たところ、花田さんはたいそう居心地が悪そうでした。環境は悪いけれど、プレハブのアウトサイダー的な自由な雰囲気がよく似合う人でした。

わたしのことは、実務は知らないけれど面白いことを考える奴として認めてくれていたと思います。けっして形に対するアイデアにダメ出しをしませんでした。若者のアイデアを菊竹さんへの刺激剤として役立てようと常に考えていたのではないかと思います。

印象に残っているのは、いつも薄着だったことです。バラックのプレハブ小屋は、冬場はたいそう寒いのですが、花田さんはいつも薄着で過ごしていました。鍛えているのか体質なのか、それとも忍耐強いのか、禅寺の坊さんが修行をしているような感じです。実際、そんな気分だったのかもしれません。不思議な人だと思いました。

誠実で温かい人柄なのはみんなが感じていたところですが、人に対しては不器用な人だったのかもしれません。勉強家で博識で、何事にも見通しを立てる戦略家でもありましたが、我々に本音を漏らすことはほとんどありませんでした。自分の思考と俗世で起きていることとの乖離をどのように埋めたらよいのか、思い悩み続けた人だったのではないでしょうか。その乖離の大きさに対する諦念を心の内に抱え込んだような人だったのかもしれません。思えばその答えは、苛烈を極めた東大闘争の最中にあるような気もします。事務所を辞め、建築家として独立された後の作品を幾度かハガキの写真で拝見しましたが、人柄がにじみ出た温かい建物でした。

三・一一後、三陸の被災地に行くことが多くなりました。あの荒涼とした風景を前に、花田さんならどのような言葉を吐くでしょう。花田さんなら的確な言葉を言ってくれるはずです。訃報に接して、とても聞いてみたい気持ちになりました。

# 戦後半世紀を体現した建築家

菊竹清訓氏追悼文　二〇一二

菊竹事務所に入所して半年目、いきなり早朝に所長室に呼ばれた。設計競技の要綱を渡され、「ちょっと出かけてくるけど、三時間くらいで戻るから三〇案つくっておいて下さい。」と当たり前のように言われた。十数案目でギブアップした記憶がある。あるプロジェクトで、「君はこの柱があった方がいいと思うのか」と問われて、出来ればない方がいいと思うと答えたら、「それならタングステンでやればいい。柱の断面は四分の一くらいになる」と言われて唖然としたこともある。年末の仕事納めの日、「国技館を建て替える話がある。正月にある人に会うので、その時に案を見せたい。敷地は両国駅のあたりだけれど正確にはわからない。よろしく頼む」と言われた。白紙の状態から三日でプレゼンテーションまで仕上げねばならなかった。

事務所に在籍した時は、そんなことの繰り返しだった。エピソードには事欠かない。とんでもない逸話を、先輩達からいくつも聞かされた。仕事に当たっては、常識の外に出ることが常に求められた。日常的な思考回路をズタズタにするような発想に、ついていくのがやっとだった。若いスタッフの生半可な知識を木っ端微塵に壊さなければ、真に新しい価値など生み出せるはずがない、と信じていたはずだ。

あとは清書して図面化するだけ、というプロジェクトがいきなりひっくり返る。そんなことは日常茶飯事だった。いったん火がつくと、ほとばしるようにイメージが出てくる。太いマジックでうなりながらパースを描く。サインペンで下書きもなしに描いてみせるアイソメトリック状の俯瞰パースを、信じられないような気持ちで眺めていた。

外に向けては優しく温厚な人柄で通っていたが、モノづくりの現場である所内では、怒声が響き渡ることも多かった。内側に過剰なまでの激しい感情を抱いた人だった。そうした己を抑制するために編み出したのが、「か・かた・かたち」という設計の三段階論だったのではないか。直観で捕えたイデーを「か」、それを体系化して把握するレベルを「かた（型）」、それを発展させて個別的な問題を解決する「かたち（形）」。物理学者の武谷三男が唱えた三段階理論に刺激を受けて編み出した独自の設計方法論だった。

代謝を繰り返して個体を保持していく生命体のあり方を、建築に持ち込もうと考えて「代謝建築論」を展開した。建築に動的な要素を組み込んだ画期的な考え方だった。やがてそれは、一九六〇年に東京で催された世界デザイン会議で発表された「メタボリズム」に結晶し、世界的な注目を浴びた。六〇年代を通して大きな影響力を持った。

氏の建築思想と設計態度に触発され、多くの逸材を輩出した。特に一九六〇年代は、内井昭蔵、武者英二、遠藤勝勧、仙田満、土井鷹男、伊東豊雄、長谷川逸子、富永譲など、退所後に活躍する建築家を門下に数多く輩出し、菊竹スクールとも呼ばれた。わたしが在籍したのは一九七〇年代の後半の数年だったが、その頃すでに一九六〇年代を席巻したメタボリズムは過去のものになりつつあった。わたしの知る限り、具体的に所内でこの方法や考え方で作業が進んだわけではなかったから、「か・かた・かたち」という方法論も「代謝」という主張も、菊竹さん個人が自らの思考に課した倫理だった、という印象が強い。

建築史に残る代表作は、「スカイハウス」、「出雲大社庁の舎」、「東光園」、「都城市民会館」など枚挙にいとまがない。実現しなかったが、「国立国際会館設計競技」(京都国際会議場)の設計競技案は、歴史に残る名作だった。昨秋からのメタボリズム展で久しぶりに模型を見たが、いまだに輝きは失われていない。あの案は当時考えていた設計論や建築像をもっとも上手く表現出来たものだった、と三〇年近く経っても悔やんでいた姿が忘れられない。

晩年は、戦後の社会制度について語ることが多くなった。久留米の大地主であった生家について述べ、GHQによる土地制度改革の不当さを嘆き、土地は生み出せばよいのだ、と思い至ったと聞いた。そう考えれば、海上都市や塔状都市といったメガプロジェクトを、生涯を通して提案し続けたのもうなづける。

思い込みや既成概念を嫌い、先端的な技術に興味を持ち続け、世の中の変化に鋭敏だった。常に建築を文明的な視点から見ようとしていたから、建築界の閉じられた世界観を狭いと感じ、技術的な視点と社会的な視座からその殻を破ろうとしていた。時代が大きく変わろうとしている。国難ともいえるこの時期に、我が国の建築界を半世紀にわたってリードしてきた存在を失った痛手は大きい。

# 立ち向かえ、勇気を持て、必死に考えろ

## スーザン・ソンタグ『同じ時のなかで』書評　二〇一〇

若い頃の思考を、幼稚な議論をしたもんだ、と一笑に付すことも出来るけれど、今もあれほど真剣に語ることが出来るか、と問われれば否と答える。それは無理だ。人生の残り時間が少なくなればなるほど、要らぬ経験ばかりが増えてくる。いやでも洞察の深度は増すが、それにともなって生きることの意味や矛盾には真摯に向き合わなくなるものだ。昔、もの知り顔の大人たちをなんと軽蔑したことだろう。それを思い出さねばならない。

まだ学生運動の名残が残る学生だった頃、机や椅子が積み上げられたバリケードが残るキャンパスは荒れ放題、スローガンが殴り書きされた立て看板が立ち並び、ヘルメットをかぶった連中がゲバ棒を持ってウロウロしていた。大学は暗く陰惨で、けっして楽しい場所ではなかった。それでも、未来に底知れぬ不安を持っていた若者達は、社会に対する疑問、大人たちがつくり上げた欺瞞、そしてなにより自分たちの人生について語り合うことを止めなかった。

救いを求めた先は、本屋の思想書のコーナーだった。気分はわかるけど内容はよくわからなかったサルトル、難解過ぎたハイデガー、壮大すぎるティヤール・ド・ジャルダン、風変わりな所ではやや宗教がかったシェストフ。本当に理解していたのかどうかはあやしい限りだが、そんな本を抱えてジャズ喫茶の真っ暗な空間の片隅に身を縮めて、何時間でも言葉を追っているのが至

福の時だった。ほろ苦いコーヒー、タバコの煙、マイルス・デイビス、混濁した思考、そんなことで世の中に背を向けた気分になれた幸せな時代だった。社会に出てからも、しばらくそんな時期が続いた。

その頃、本屋のみすず書房に代表される思想書のコーナーは、近寄り難い聖域だった。内容が難しいのに加えてハードカバー仕立ての本の値段が高かった。今から考えれば、内容が難しく感じられたのは翻訳が悪かったからで、著者たちが語ろうとしていたのは、深くはあるがことさら難解なことではない。深さを難解さでくるむというのは大人が編み出した卑怯なやり方だ。自分のわからなさ加減を読者に押し付けるなよ、と言いたい。若かったんですね。それを見抜けなかった。また、学術的な専門書に比べれば値段も特段に高いわけではない。しかし、人生を変えるぐらい重要な内容が詰まっているのだから、少しぐらい高くたってしょうがないだろ、というような雰囲気が鼻についていて嫌だった。

だから、みすず書房の思想書のコーナーにある本はいつも立ち読みだった。けっして買いはしない。眺めるだけだ。そんな中で、記憶に残っている本がある。晶文社から出版されたスーザン・ソンタグの『写真論』だ。居並ぶ思想書の中にこの手の本が混ざり込んでいるのが物珍しかった。ロラン・バルトですらまだ知らなかったから、これは単純にわたしの知識不足。それにしても、表紙カバーの折返しの著者の小さなポートレートが目を惹いたのを覚えている。若くて美しい女性だった。買うかどうかは迷わなかった。パラパラとページをめくっても、いっこうに引き込まれない。翻訳のせいだったのだろう、文章が難解だった。そんなわけで、ソンタグとは不幸な出会い方をした。

それから三〇年、ソンタグの名前はわたしの中ですっかり忘れ去られていた。世紀が明けてまもなく九・一一が勃発した。CNNのレポーターが煙を上げるWTCを背景にレポートしている最中、後ろに映っているタワーが崩壊していった。今でも忘れられないあの数分は、戦場報道にもまさる生々しい光景として脳裏に焼き付いている。

これを契機に思ったのは、すっかりニューアカに染め抜かれた我が国の思想のなんと軟弱で浮薄なことか、ということだった。いくら逃走したって、世界に逃げ場所なんてないんだよ。どんな小理屈を並べ立てたって、これは現実に起きたコトなのだ。その引き起こした力は、小手先の思想を遥かに越えているように見えた。

世界の知識人達は、どのような発言をするのだろうか。この時からそれが気になった。パレスチナ系でコロンビア大学で教鞭を執っているサイード、言語学のカリスマで六〇年代から草の根運動をやりながら母国のアメリカ批判をやっているチョムスキー、消費社会を予言したボードリヤール。そして、ソンタグ。

印象に残ったのは、NTT出版から上梓されたソンタグの『この時代に想うテロへの眼差し』。九・一一が引き起こした事態に、もっともナイーブで率直な態度で臨んだのがソンタグだったのではないか。学生達にも機会あるごとにこの本を読むように勧めた。この本を通して、その後のソンタグが何を考え何をしていたのかのあらましを知ることも出来た。なにより感動したのは、彼女が行動する人、けっして欺瞞を許さない人であったことだ。この中の「サラエヴォでゴドーを待ちながら」は秀逸な一品である。戦争、文化、絶望、希望、様々な思いが交錯し臨場感をもって伝わってくる。

割り切れない気持ちを持ったのは、同書に納められている大江健三郎との往復書簡である。ソンタグの語り口が描く思考の軌跡を前にすると、このノーベル文学賞受賞者の思考が貧弱に見えた。それが残念な気持ちをもたらしたのだ。これは、行動したかどうか、行動する勇気があったかどうか、という問題だ。ただ思考する、考える、というのは、行動する人から見れば、ひたすら言い訳を言っているようにしか見えないのではないか。期せずしてそのことがこの中で浮き彫りにされていた。

二〇〇二年、新宿のＩＣＣでソンタグを迎えてシンポジウムが開催された。壇上には、司会の浅田彰、磯崎新らが並ぶ。この時もソンタグの友人であり翻訳者でもある木幡和枝さんが通訳に当たられた。黒尽くめの衣装で現れたソンタグは、大柄でゆったりとした出立ち、圧倒的な存在感があった。言説は発せられる人の存在の在り方と不可分だ。同じ言葉でも、発する人によって重みが全く異なってくる。その意味で、小柄な浅田の一見論理的な構造を持っている軽い言葉と、ソンタグの岩のような言葉の対照が印象的だった。書斎で思考の模型づくりをしている人と、行動し生な現実を足場に思考している人の違いが、これほど如実に現れた瞬間を見たことがない。

そして、この稿の本題、『同じ時のなかで』である。最後の講演のタイトルがそのまま本の標題になっている。ソンタグは二〇〇四年七一歳で亡くなった。遺稿集ではない。晩年の文章を選び、未発表のものも含めてまとめたのがこの本だ。翻訳は木幡さん。わかりやすく美しい日本語で、とても読みやすい。表紙の写真は北田英治さん。ソンタグが来日した時に撮影したスナップ。

ＩＣＣで実物を見た時のソンタグの存在感そのものがよく撮れている。

パステルナークやドストエフスキーに関する文学評論、九・一一に関する発言を含む評論、アブグレイブ収容所の有名な拷問写真に対する評論、晩年の講演をまとめたもの、内容は多岐に渡っている。構成は、そのままソンタグの行動範囲と思考の広がりを感じとることが出来るようになっている。

美をめぐる欺瞞を暴く「美についての議論」、文学においてユダヤが背負う宿命を無名の作家レオニード・ツィプキンを通して描く「ドストエフスキーの愛し方」、美しくて深いアンナ・バンティへのオマージュ「二重の運命」。ソンタグは推敲と校正に最後までこだわる人だったらしいが、この本に納められている文章は、それが果たせなかったものも含まれるらしい。しかし、どの一遍もその完成度は異様に高い。思考の辿る道筋が明解で、読む側の心を掴んで離さない。まるで彼女の日記やノートを読むようだ。文章がリアルなのである。どの文章もソンタグ自身の生い立ちや生き方と無縁ではないからだ。

後半の講演録、「勇気と抵抗について」、さらに畳み掛けるように「文学は自由そのものである」、そして「同じ時のなかで」。病んでいく身体を抱えながら、自らを鼓舞するような講演録である。身体に激痛を抱えながら必死に思考し続けたシモーヌ・ベーユを思い起こさせる。

とりわけ、翻訳者である木幡さんの後書きがいい。翻訳するということ、ソンタグの人柄、著者と翻訳者の関係。本当の翻訳とは、これほどの関わりの中からしか生まれないものかと思った。本書に含まれる「インドさながらの世界（文学の翻訳について）」と響き合っていて感動的だった。

最近、ある写真家について書かねばならず、ソンタグの『写真論』を手に入れ、読んでみた。書店で手に取ってみた時から三五年の歳月が流れている。内容はあいかわらず難解だった。木幡さんの訳で読んでみたいものだと思った。若い頃のソンタグの写真。いかにも気が強くて聡明そうな面立ちだ。深い思いを携えた今回の表紙の写真と比べると、この歳月が彼女に何をもたらしたかを感じとることが出来る。

『同じ時のなかで』は、世界に対するメッセージである。「美についての議論」の中にある〃何かを醜いと断言する潔さがなければ、美しいものを美しいと言えるはずもない。〃という一節は、彼女自身の世界と向き合う態度そのものと言える。立ち向かえ、勇気を持て、必死に考えろ、そんな叫びが聞こえてくる。オタク論やゼロ年代の言説など木っ端微塵に吹っ飛ぶだろう。

# エピローグ「HOMEを探して」　講演録　二〇一二

## 大きな変わり目

震災後というか、東京大学を退官してから、実はめちゃくちゃな人生が続いています。たとえば今週一週間を振り返ってみますと、日曜日に四国の松山で、街づくりの基調講演をしてくれというので夕方五時ごろまで滞在していて、それから松山から羽田空港に戻って、東京駅に出て新幹線に乗り二戸に午後一一時過ぎに着きました。次の日の朝八時に岩手県の久慈と宮古の間の太平洋岸にある野田村で、わたしが審査委員長をした宮崎県木材青壮年会連合会主催の「杉コレクション二〇一一」の子ども部門に入選した、安田圭沙ちゃんの「だっこのいす」という被災地の子供に対する想いを形にした作品を、被災地である野田小学校に寄贈する式典があるというので行ってきました。贈呈式をやって小学校の子どもたちと話をして、野田村の村長と話をして二戸に戻り、そこから一関に出てレンタカーで気仙沼に行き、夜は気仙沼の仮設商店街で食事をしながら翌日の作戦会議をして、その翌日は陸前高田市で市長と会議をし、陸前高田を回ってから一関に戻り、東京に辿りつき、さらに翌日の夜延岡に飛びました。延岡では延岡駅周辺整備デザイン監修者プロポーザルで乾久美子さんを街づくりの監修者に選んだので、その関係から延岡で乾さんと合流し、調整役として街づくりの委員会に出ていました。その日の午後は、一四年来街づくりをやっている日向に向かい、委員会をこなして、東京に戻ってきて、今日ということです。一週間を振り返っただけでも「おれの人生は一体何なんだろう」と思います。メチャクチャですね。やっていることがどんどん建築から離れていっているような気もしています。建築家としての活動に専念するつもりで、大学もかなり強引に辞めさせていただいたのですが、全く当てが外れたこの一年を過ごしているというのが実情です。

わたしの大学での最終講義がまさに去年の三月一一日その日でした。最終講義ということで、たくさんの人が集まっていましたけれど、講義が始まる三〇分ほど前に大きい揺れがあり、結局、最終講義を中止してみなさんにお帰りいただき、研究室に戻ってテレビで津波の報道を見て呆然としました。というようなことからも、宿命と言えば大げさかもしれませんが、今回の震災には何か縁があるのかもしれません。

その後、震災復興に少しでも役立ちたいといろいろしました。まず、大学内の建築・都市・社会基盤の三専攻の震災対応のとりまとめを大学での最後の仕事としてやりました。それから、「帰心の会」という、建築家が出来ることを考える会ですが、伊東豊雄さん、山本理顕さん、隈研吾さん、妹島和世さんの五人で始めた活動があり、シンポジウムなどを開いています。それと、国の委員会、県の委員会、あとはまったく肩書きなしでボランタリーで現地に入ったりしています。あの震災後の風景を見れば、出来る限りのことをやろうと思うのは当たり前で、みなさんも同じように考えていらっしゃると思います。それで、今日の講演では、そうした活動のなかで感じていることを申し上げたいと思います。

いちばん言いたいのは、どう考えても世の中が大きく変わりそうだという実感です。そして、建築も世の中とともにあるのであれば、世の中が変わることは建築の本質を大きく変えるかもしれないということです。わたしの立ち位置はあくまでも建築家ですから、そう思っています。あまりに起きていることが大きいので、正確に言えないというか、全部話すとたいへん大げさな講演会になってしまうと思いますので、大きく変わりそうだということだけ申し上げておきます。

大きく変わるということを、少し整理してみます。スタートは日本の戦後になると思います。わたしは一九五〇年生まれなので、ちょうど戦後を生きてきたことになります。この戦後六〇年に築いてきたもの全体が何か大きく揺らいでいるような気がします。わたしは主に三陸地方を動いていますので、話は三陸が中心になります。

高度成長時代は、みんなの目的は同じような方向を向いていました。毎日忙しくなっていき、今年よりも来年がより豊かになっていくという方向です。そうしたなかで、国の整備もそのようにつくっていかなくてはいけないというので突っ走っていました。一九六〇年前後にいろいろな制度も整備されました。建築基準法も大正時代の市街地建築物法がその前身で、戦後、一九五〇年に建築基準法として制定され、様々な細則が形を整えたのがその頃でしたし、都市計画法も一九六八年に制定されています。さらに、様々な規格、JIS（日本工業規格）やJAS（日本農林規格）もほぼ一九六〇年前後に制定されています。一九五五年頃からの高度成長期にいろいろなものが決まって、やがて国民総生産は一九六八年にアメリカに次ぐ世界第二位に上り詰めます。それがことごとく役に立たなくなっているというのが、わたしが今、目にしている状況です。

たとえば、行政側は三陸で補助金を出そうとするけれども、様々な障害が生じる。今日、この会場に来られている方は建築関係の方がほとんどなので、ちょっとわかりにくいかもしれませんが、防潮堤の高さひとつを取り上げてもなかなか決められないのです。東北大学名誉教授で津波研究の第一人者である首藤伸夫先生は「いくら解析したって同じ津波は来ない、津波はきわめて個別的である」とおっしゃっています。つまり基本的に防ぎ切れないのです。しかし、防ぎ切れないということは、安全でない土地が生まれるということになるわけです。建築基準法は土地を土台にして成立している法律で、全ての規定が敷地を土台にしています。一ｍＧＬが下がって海の下になってしまったり、という状況になっているわけですから、その敷地そのものが定義出来なくなっています。都市計画法にしても建築基準法にしても、基本的に土地を前提に全ての制度が成り立っているので、そのまますんなりとは使えないのです。既存の計画諸法がほとんど根こそぎ再定義を迫られる、つまり、変わらざるを得ないとわたしは思っています。

　何が起きているかというと、昔は、いちばん大事なことは国が決めます。その次に、その決めたことを県レベルに落として、それをさらに市町村レベルに落として、いろいろ具体的な計画がつくられ、実行されてきました。当然、法律の制度も補助金の制度も、全て上から滝のようにカスケード状に降りてきていました。でも現在はどうなっているかというと、最も大事なことを国が決断出来なくなっていて、基本的な態度として、国は県がやることをサポートしますと言い、県は、そんなこと言われて渡されても仕方がないからと言って、各々の自治体が決めたら県はそれをサポートしますと、こう言っている。そして各々の自治体は、それぞれの集落で決めてくださいと、こうなるわけです。つまり何が起きているかというと、自治体がある意思を持って「こういう計画をやっていきたい」と決めたとすると、それを市町村がサポートして、さらにそのサポートしている市町村を県がサポートして、それをサポートしている県を国がサポートするという、これまでとは逆の、つまり、意思決定が高度成長時代の流れに逆行しているわけです。このことがいちばん大きい変化ではないかと思います。

## HOMEを探して

今日は「HOMEを探して」というタイトルをつけたのですが、今回の大震災で起きたことということの は、被災者のみなさんの「HOME」探しではないかと考えます。「HOME」というのはいろいろな意味があります。本当は的確な言葉があれば日本語で表現したいのですが、家でもなく家庭でもなく、ましてや住宅でもない。上手い言葉が見つかりません。「HOME」と言ったほうがなんとなく良さそうなので、このタイトルにしました。「ホームタウン」という言葉や、「ホームスタジアム」というような言葉があります。この場合の「HOME」は、ハードウェアではなくて、どちらかというと、もうちょっと見えないもののことを言っているような気がします。最も近い日本語はひょっとしたら「ふるさと」かもしれません。そういうもののことです。現代は、ひょっとしたら三陸だけでなく、今回の震災を目にした日本の他の地域も含めて、この国に暮らしている多くの人々が、「HOME」を探して生きているのではないかと思います。

この国は、わたしたちの父や母たち、一世代、二世代前の人たちが一生懸命汗水流して、必死になってつくったわけですけれども、それがどうも、賞味期限がきているのではないか。ここで大きく変わるのではないかという予感があります。もし変わらなければ、多分この国はこのまま長い衰退期に入ると思っています。それをわたしは「安楽死のシナリオ」と言っているのですが、大きく変われなければ「安楽死のシナリオ」に踏み込んでいくのだと思います。

## 二〇〇五年を境にして

これはわたしが大学に勤めた二〇〇一年から学生たちに見せていた「日本の人口の推移」というグラフです（＊1）。いろいろな講演の初めには必ずこれを見せるようにしてきました。二〇〇五年をピークに、人口が減少傾向に世の中が変わった時点で、もっと真剣に考えるべきだったと思います。大きく円弧を描いていますが、おおよその人口予測では、一〇〇年後にはだいたい今の人口の半分の六〇〇〇万人ぐらいになると予測されています。江戸時代から明治になった時に四〇〇〇万人くらいですから、その頃の一・五倍くらいの人口で近未来の日本は暮らしていくことになります。それも超高齢化社会です。これは、日本だけのことではなくて、二〇年後には、海を隔てた隣の巨大な中国も同じような人口曲線を辿ると言われています。ところが、こうした山型の曲線にしたがって下がっていく人口曲線というのは、人類史上前例がないということをわたしは知りませんでした。初めてだそうです。なので、実はわたしたちの社会は二〇〇五年から人類未体験ゾーンに突入していたわけです。

にもかかわらず、現在のわたしたちの手元にあるのは一九六〇年あたりにつくられた、社会制度、価値観、法制度、経済的な仕組みが全てのベースとなっているわけです。本当はもう少し早く気が付いてギアチェンジしなくてはならなかったのです。いわば一九六〇年型の車にいまだに乗り続けている状態です。つまり、GDPが八%などという右肩上がりが続くことを前提にした社会制度のなかにいまだに生きている。しかし、バブルがはじけた後は六%を切って下降し続け、とうとうマイナス成長にまで落ちているわけですから、この差が年金の問題なども含めて、いろいろな矛盾や歪みを生みだしている。

要するに世の中は一九六〇年型、高度成長期のままの制度なのに、その制度で低成長型の社会を動かしていこうとしているから、どんどん借金が膨らんで、めちゃくちゃな事態になっているという、極めて単純なことです。その落差が、わたしたちを苦しめているのですが、大災害がそういう事態の矛盾を見事にあぶり出しました。あるいは、もう少し先に起きる状況を手前に引き寄せてしまったとも言えます。この話は随分前からわたしは言っていたのですが、急に現実のこととなり、目の前に見えてきたという感じがあります。三陸、福島も含めて、高齢化と過疎化が日本全国で進んでいます。たとえば、陸前高田市では被災後の一年間、一六〇〇人余りの住民が流出している。それも若い世代を中心に出ていきます。これは大問題です。だから高齢化がさらに進むはずです。それが、災害が起きたことによって加速されたというか、見えやすくなったというのが現状だと思います。

これは二〇〇五年を境に縮小型社会に変わることで、仕事量もどんどん増えていた従来とは違って、どんどん縮小されていくという図です(＊2)。世の中が右肩上がりの時代は当然、仕事量が増えてどんどん分業化していきます。今年より来年のほうがやることが多いので「全部はやりきれないからこの部分はやってよ」と分業化する。お役所の仕事も分業化していくわけです。しかし、縮小型社会では、本来であれば統合して、分けすぎたものを併せていくとなるべきなのですが、いまだに法律や社会制度は図の左側、分業化のなかでやっている。だからたいへんなわけです。補助金も分かれているし、行政も分かれているし、どうにもならない。なかなか建築の話に寄っていきませんが、わたしの持っている情報を皆さんに共有していただくという意味で聞い

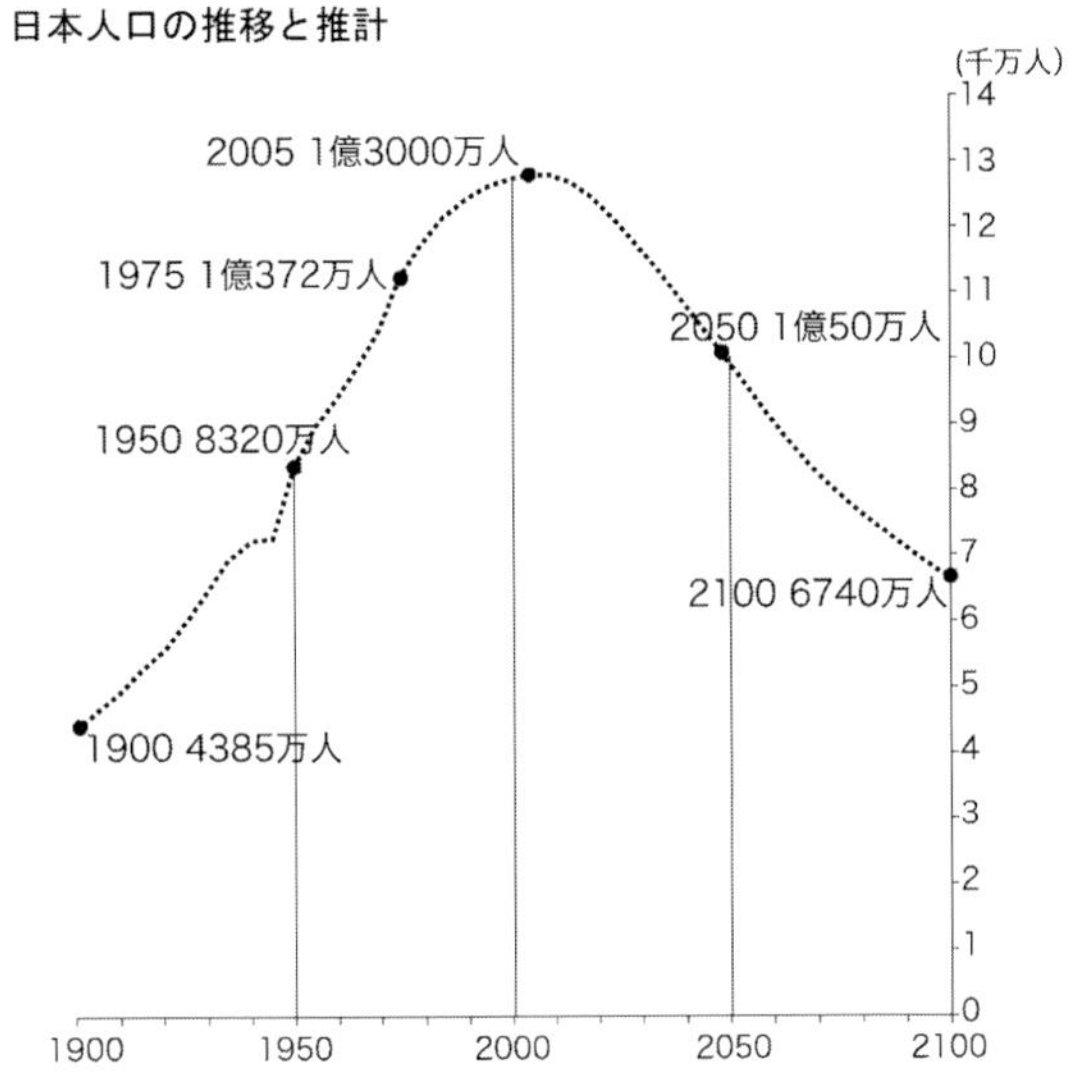
日本人口の推移と推計
(千万人)
14
13
12
11
10
9
8
7
6
5
4
3
2
1
0
2005 1億3000万人
1975 1億372万人
2050 1億50万人
1950 8320万人
2100 6740万人
1900 4385万人
1900
1950
2000
2050
2100

＊1

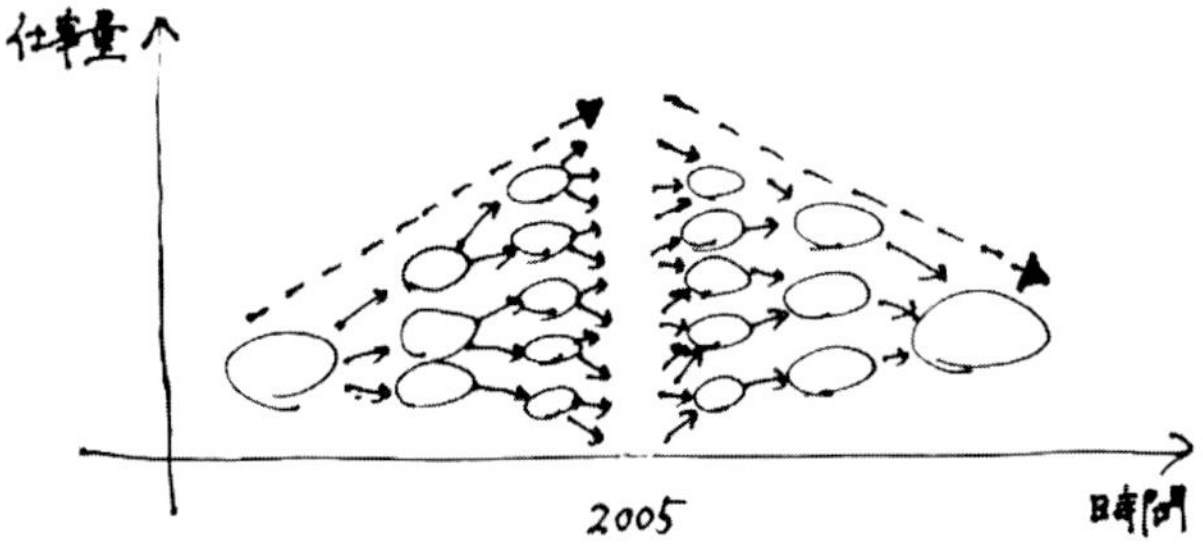
仕事量
2005
時間

＊2

てください。

ＮＨＫの論説員が解説する番組で、災害復興と文化財の話をしていました。これは実はわたしもちょっと関係することがあって一ヶ月くらい前に国の委員会でも発言したのですが、地元が復興計画でいちばん困っていることが高台移転と発掘だと。そのことを皆さん誰も知らないのです。役所の人も、本省の人たちも知らない。わたしは岩手県野田村の例で知ったのですが、野田村も例外でなく大きな津波の被害に遭い、防潮堤の設置や高台移転、区画整理と取り組んでいます。そのなかで高台移転をいち早く決め合意して着手しようとしたら、その前に、遺跡の発掘という事態になって困っているわけです。ＮＨＫでも取り上げていましたけれど、高台の敷地を掘ってトレンチを切るとあちこちで遺跡が出てくる。そうすると、それを発掘調査しなくてはならなくなるのです。実は三陸は遺跡の宝庫です。縄文時代は、現在よりも三、四メートルくらい海面が高かったので、人々は今より高いところに住んでいたわけです。だから高台を掘れば遺跡が出る。旧建設省系、つまり国土交通省系の行政と文部科学省系の行政がちゃんと話し合えばいいのに、全然話し合ってこなかった。縦割り行政の欠点です。あることをやるのに、一体になってやらなければいけないのに、縦割りだから連絡も取り合えない、という縦割行政の最低の話です。復興事業のように短期間に何かをつくろうと思ったら、本当は分業化でなく縮小・統合シフトでいかないと駄目なのです。いろいろなものが統合的に考えられる、というようにならないと上手くいきません。人口曲線では二〇〇五年が境ですが、二〇一一年を境に、明らかに世の中は左側から右側、縮小型社会に移ったと思います。

わたしは土木に身を置いて土木と都市と建築を出来るだけつなごう、串刺しにしようと思っていたわけですが、わたしたち自身もそういう方向で動いていかないと、本当の意味でのニーズに応えられないと思っています。建築家が建築だけのことを考えていていいのかということです。「ＨＯＭＥ」というのは別にハードウェアのことではなくて、人の心のことですから、それに応えるためには、建築が建築だけで閉じこもっているなんていうことはあり得ないと思っています。建築家は街について語り、自然について語り、人間について語れる、そういう存在であるべきだし、これまで以上にそうあるべきだと思っています。そうでない建築家は、もう退場してもらうしかないくらいに思っています。特に被災地に立つと、そういう思いを強くします。

## 現地を知る

ここからは被災地の写真が続きます。

これは、岩手県の久慈湾に押し寄せた津波です（＊３）。わたしはいつもこれをお見せすることにしているのですが、わたしたちが考えている津波というか、昔からイメージしていた最も津波らしい津波の写真です。岩手日報が撮った写真です。他の写真はほとんどが、波がもこもこっと高くなって、もこもこっと押し寄せるという津波ですが、波頭を立てて壁のように押し寄せる津波の写真はこれだけです。本当に恐ろしい光景です。先ほど古谷誠章さんから聞いたのですが、岩手県田野畑村は、明治二九年の明治三陸地震の後の大津波で大きな被害を受け、さらに昭和八年の昭和三陸地震でも被害を被り、その後、高台に移転をしたそうです。実は、この明治三陸地震の津波の後で、当時の文部省が通達を出しています。東日本大震災復興構想会議が昨年出した「復興への提言」に書かれているようなことは、すでに一〇〇年前のこの通達にほとんど書いて

＊3　（提供：『特別報道写真集「平成の三陸大津波」』岩手日報社）

＊4

あります。だけどその通りにならなかったので、こういう被害になったということも申し上げておきたいと思います。これも、委員会で一緒だった首藤先生から教えていただいたことです。たいていのことは書いてある。だからみんな心の底では、いつかくるだろうとわかっていたというわけです。

これはわたしが一昨日までいた野田村の写真ですが（＊4）、復興が一向に進みません。本当にゆっくりです。何でこんなに進まないのかと思いますけれど、それぞれの行政がバラバラに分かれてそれぞれにやっているので仕方がないのかもしれません。非常にゆっくりしています。野田村の村長さんは面白い人で、名前がまた面白くて「オダユウジ」という名前で、名刺を渡す時に、それをネタに笑いを取るくらいの男ですが、その「小田祐士」村長が言うには、「仮設住宅に住んでいる人は七〇歳や八〇歳のじいさんばあさんばっかりだ」と。「それを五年も一〇年も待て、なんてことはあり得ない話だよ」と言っています。たしかにあり得ないですよね、その人たちは一〇年後にはいくつになってるんだと。こういう人たちを前にして、けれど遅々として計画は進まない現状です。野田村はこの防潮堤の外に大きな松林がありましたが、陸前高田市の高田松原同様、丸ごときれいになくなりました。

これは宮城県女川町です（＊5）。女川町には、この写真の右側の所に高台があります。おそらく、海抜四〇mくらいだと思いますが、そこに逃げた車が流されたというのですから、本当に恐ろしいですね。平均で二〇mくらいの津波がきていますが、場所によっては三〇～四〇m、最大遡上高で四八mはあったと言われています。明治三陸地震の時は最大五〇mじゃないかと言われていますけれど、これは防ぎようがない数字ですね。

＊5 （提供：朝日新聞社）

これは岩手県の陸前高田市です（＊6）。三日前にも行きましたが、震災直後のこの写真からほとんど変わっていません。ほとんどこの状態です。仮の施設として土嚢を積んだ防潮堤が海岸線に沿ってつくられていますが、恐ろしいことに、地面が以前より地盤沈下して七〇㎝ほど低くなってしまっているため、その防潮堤の向こうに広がっている海は、ほとんど自分の立っている位置と同じくらいのレベルになっています。潮位にもよりますけれど、本当に恐ろしい風景です。写真右上の海になっている場所に高田松原がありましたが、ほとんど全部なくなっています。これをどうするかというのは、これからわたしも少し関わって考えていきます。

次も陸前高田の写真ですが（＊7）、ほとんど何もないグラウンドのような状態です。陸前高田では合同慰霊祭にも参加させていただきましたが、二〇〇〇人近くの方が亡くなられている。すさまじい数です。

これは有名になったアパートです（＊8）。ＲＣ造のアパートが海岸沿いに二棟建っていて、建物は残っていますが、前面の棟ではいちばん上階の上のサッシまで波がきている。後ろの棟とは全然被害が違っています。こうした建物を今後どうするかという問題も起きています。震災の爪痕を、現地にいる方は忘れたいので、ともかくそういう物はすべて撤去してほしいという希望を持たれる方も多い。それも当然だと思いますが、もう一方で、「一〇〇年間どうやって記憶を残すか」ということもとても困難ですが大事な課題なのです。県の委員会などでも話し合っています。単純に博物館をつくって残せばいいという話ではない。一〇〇年間記憶を残すというのは、わたしたちが考える以上に難しい問題です。一〇〇年という、大体三世代くらい経つ時間のなかで、そのまま残すというのはとても難しい。そうすると、こういう物も少しは残したほうがいい

＊6 （提供：朝日新聞社）

＊7

のではないかという議論を目下しています。

これは海岸線の現在の状態ですが（＊9）、地盤沈下して平均で七〇cmから一m近く地盤が低くなっていますので、海がとても近い状態です。ですから、今後それほど大きくない高潮や小さな津波でも、もう一度同じように水浸しになる可能性が非常に高いわけです。川の水門もすべて壊れていますので、こういうものを、これからどのぐらいの時間で再建していくかというのが、とても大きな問題です。半分冗談みたいに言っていることなのですが、何百kmもの総延長の防潮堤を整備するのですから膨大な時間がかかる。そうすると、防潮堤が半分くらい出来て、高台移転も山が整地されて半分くらい実現出来たくらいに、首都直下型地震がきて、国はもう三陸なんかやってられないという状況がきて、そのまま止まってしまうと。半分冗談ですが、なかなか進まなくて時間が掛かるとそういうことだってあり得る。それぐらい大変だということです。そして、急いだほうがいいということです。

## 忘れてならない福島

それから、忘れてならない福島第一原子力発電所事故があります。わたしは大学のそれも工学部にいた人間として、ある意味でこれは工学の敗北だと思いました。原発に関係していた人間も多い。戦後六十余年やってきた工学というものの根底を問う問題だと思います。当然建築も含まれますが、工学とは一体何なのか。単純に言うと、原子力発電所に広い意味での建築的な発想が欠けていたのではないかと思います。わたしが建築家だからそう考えるというだけではなくて、つまり、アーキテクチュアという概念が、建築作品をつくるという方向に向き過ぎていたんじゃ

＊8

＊9

ないかと思います。アーキテクチュアとはある意味で、システム・エンジニアリングでもあるわけで、広い意味で、物事をどう組み立てるかというのが本来的な意味です。そうだとすると、仮に古谷さんなりわたしなりが建築家として原発の計画の統括をしていたらどう考えるかということです。建築家は自然といつも向き合っているから、自然への恐れがあります。だから、たとえば津波が防潮堤を超えるかもしれない、という配慮を建築家なら必ずすると思います。最も信じられなかったのが、バックアップ電源を山側にひとつもつくっていなかったということ。本当に愕然としました。あり得ない話です。エンジニアリングを一〇〇%信じるとそうなるのでしょうか、全く建築的な発想ではないと思います。

建築家というのはもう少し人間の側にいるので、不完全なものとか、そういうものを予測し、イメージする能力があると思います。つまり、広い意味でのアーキテクチュアが不完全であったということです。言い換えると、工学的な発想がある種の欠陥を生んだとも言えます。これは先ほどの分業と同じです。それぞれのセクションが細かく分かれてしまっていて、分業でやっているから、全体が誰にも見えないというか、統合的な考え方に欠ける。これは、原子力発電所に限らず、建築そのものについても言えると思います。ホリスティックなアプローチが存在していないということだと思います。

震災直後に、新幹線の座席に備え付けられている『WEDGE』という雑誌があって、そこに掲載されていた広告の話です。現在ではこのような電力会社の広告は、どの雑誌を見てもないはずですけれど、わたしたちは少し前までは、こうした広告を当然のように受け入れていたのです。わたしたちが社会から情報として渡されるものは、あまりそのまま信じてはいけないということを思い知らされました。やはりわたしたち自身の頭で考えて、身の丈にあった話をどうやって組み立てるかということが、これから求められるのではないかと思います。少し前までは、原発は$CO_2$削減に寄与して、きれいな海が目の前にあって、ピカピカの原発があって、向こうに風力発電の風車があって、というような社会を、何かおかしいなと思いつつも、思い浮かべていたはずです。わたしだって、迂闊にもそう思い浮かべていたかもしれない。しかし、その明るいはずの話が暗転したわけです。ここにきて、じゃあどうやって生きていったらいいのか、ということが問われています。原発には多分、「HOME」足りうる大地の夢はない。だけど原発は一九五〇年代、六〇年代の高度成長のビジョンの象徴であり、少なからずその延長上にわたしたちは生きてきました。

## 鎮魂の二五六七三の点

余談ですが、昨年、松岡正剛さんから震災について何か書いてくださいとの依頼を受けました。これには五月一日とありますけれど、震災二カ月後くらいで何も書くことがなくて考えました(＊10)。震災直後は一〇〇〇人とか二〇〇〇人という数で死傷者や行方不明者の数が増えていって、四月末時点の警視庁発表で二五六七三人という数字がありました。(この数はこの後徐々に判明して死亡者が一五〇〇〇余人、行方不明者が三〇〇〇余人くらいまで減っていきました。)その数字を眺めている自分が、数字を数字として受け止めていることにはたと気がついて、それを描いてみようと考えました。二五六七三をA四の紙に点で表現してみようと思い、三日三晩かけて点を打ちました。点を打っていくと、数字というものがわかっていきます。起きたことをも

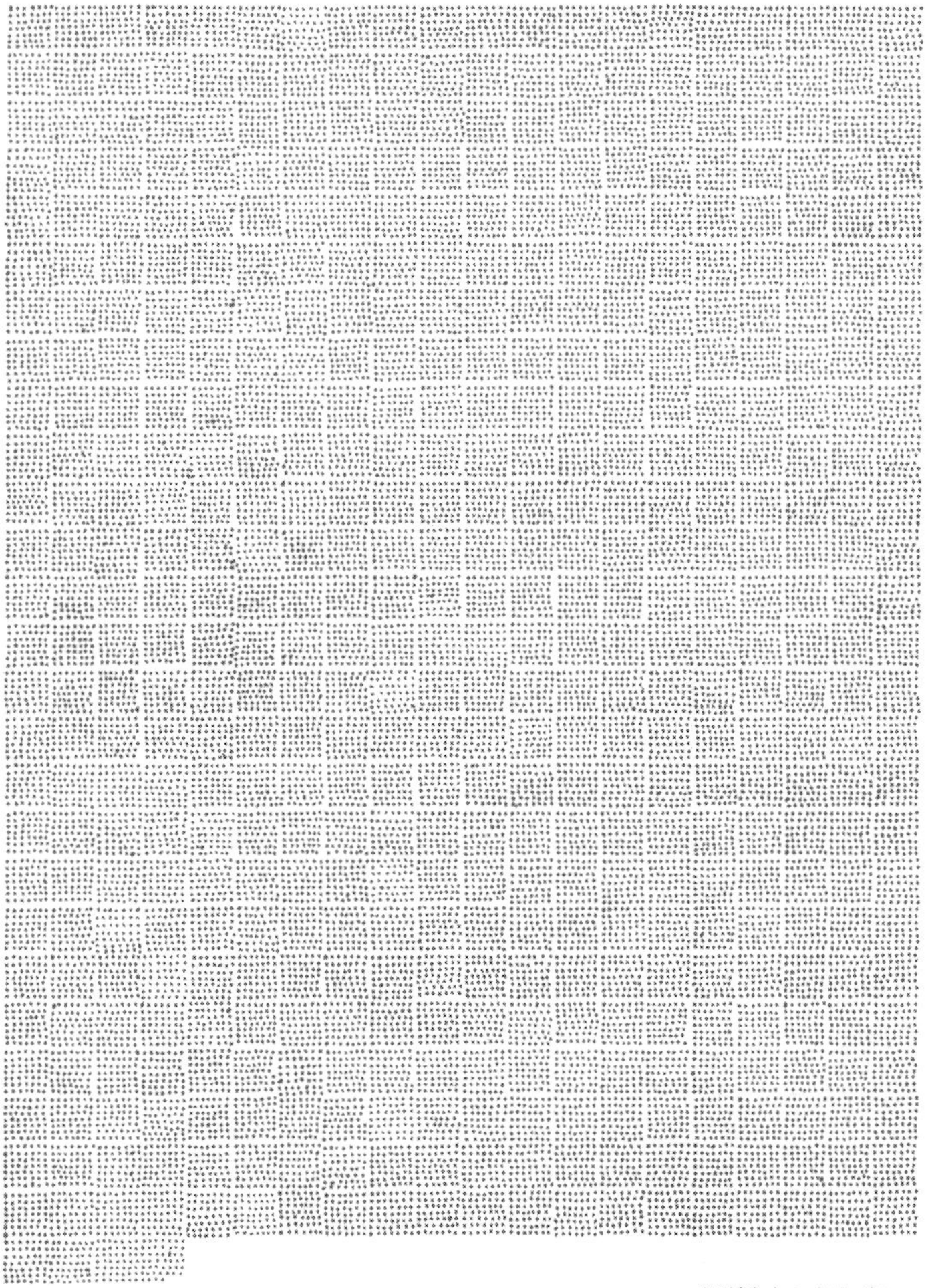

25673 dot 2011.5.1
NAITO

*10

う一度自分で体感してみたいと思ってやりました。あまりに数字が大きくなっていくと、その数字を数字としてしか見なくなります。たまたま三陸にいくつか関わり始めていたのでやってみたのですが、真ん中の一万を超えたあたりから、何というか、鎮魂と祈りのような、不思議な気持ちになりました。あとはもう打つだけですけど、ほとんど腱鞘炎寸前みたいな状態で点を打ち続けて、こういうものを描きました。

### 東京大空襲

これは東京大空襲の写真です(＊11)。先ほどお見せした陸前高田市や南三陸町の風景と極めて似ています。若い世代の方は知らないと思いますので、東京大空襲について少し説明します。わたしは一九五〇年生まれですから、当然この風景を知りませんが、東京大空襲でこの風景になって、そこからもう一度立ち直ったということを考えると、わたしたちを大いに勇気付けてくれるという意味でお見せしています。第二次大戦では、原爆について語られることが多く、たしかに原爆は、八月の時点から一二月くらいまでの約四カ月で多くの方々が次々に亡くなっていくわけですが、一晩で一〇万人が亡くなったというのが東京大空襲なのです。一晩で一〇万人、史上最大の殺戮です。先ごろ亡くなられた建築家の林昌二さんは、東京大空襲についてときどき語られていましたが、カーチス・ルメイという少将が指揮をとった超低空爆撃で、退路をふさいで焼いたということは、人道的に許せない殺戮であると怒っておられました。アメリカが何をしたかということについては、これ以上言っても詮ないことなので、ここでは言いませんけれども、東京大空襲で焼かれたゾーンというのは、関東大震災時に災害を受けて焼けたゾーンと非常によく似て

＊11 （提供：毎日新聞社）

います。つまりアメリカは東京という街をよく研究していたということです。どういうところを焼いたら、最も効率的に焼けるかということを研究した上で焼いたということなのです。

わたしの師匠である菊竹清訓先生が去年の暮れに亡くなりました。そのひと月前に林昌二さんが亡くなられ、それから同世代では、それより前に大高正人先生も亡くなられています。わたしたちよりも上のこうした世代の建築家は、この東京大空襲の風景が頭にあって、建築をつくってきたのだということを最近強く感じています。しかし、あまりに悲惨だったので、このことについては多くを語らない。わたしの父も母も、もう亡くなりましたけれど、戦争のことについて、亡くなる少し前くらいにしゃべるようになりましたが、ほとんどしゃべらなかった。菊竹さんも実は、戦争の体験は亡くなる五年前くらいから語り始めましたけれど、ほとんど語っていなかった。大谷幸夫先生はこんな話もしています。「内藤くんね、青山通りと表参道の交差点があるでしょ。今表参道は建築家が作品を並べて、若い建築家も歩いて写真撮ったりしているけれど、実は、その表参道と青山通りの交差点は死体の山だったんだよ。そのことをみんなやっぱり忘れているよね」という話をしていました。あそこは台地になっているので、周辺から焼け出されて多くの人が逃げてきて、そこで焼かれたということです。その世代の方たちはなかなか言いづらくて伝えられず、わたしたちはそうしたことを知らずに育ったわけです。だけどここでもう一度思い出してみる必要があるのかもしれないのです。どうしてかというと、丹下健三、菊竹清訓、それから磯崎新さんも含めて、わたしたちの前の世代や、前の前の世代の建築家たちは、こういう風景が頭にあって、それをみんながわかっている前提で、いろんな建築の提案をしてきた。それが建築を生み出す力になってきたわけです。このあいだまで森美術館でメタボリズム展をやっていましたが、わたしはメタボリズムの原動力は、基本的にはそこにあったのではないかと思います。関東大震災の後には、震災復興局をベースに分離派という、山田守、山口文象といった人たちが新しい建築の動きをつくりました。そして、第二次大戦の焼跡からは、戦後のモダニズムとメタボリズムと、その後ポストモダニズムに爛熟していきますが、いずれにしても新しい建築の動きが出てきているわけです。それはその世代の建築家が、こういう風景を心にきちんと刻みこんでいたからです。じゃあ、今を生きているわたしたちの世代は、三陸や福島のことをきちんと心に刻めるのか、刻んだ上で、自分たちの次の時代をつくれるのかということを問われているのだとわたしは思います。

## デザインのキーワード

「人・暮らし・街　環境・自然・生命」ちょっと前までは、こんな言葉は恥ずかしくて言えなかった。建築を語ったりするのに、生命の話なんてしづらかったですよね。建築家でそういう言葉を吐くやつなんて、あまりいなかったと思います。ちょっと恥ずかしい。だけど今は極めて正直に、こういう言葉に向き合ったほうがいいと日々思っています。どうしてかと言うと、わたしたちが知っているこれまでの建築、都市、土木、インダストリアルデザイン、全てが人の生き死ににはほとんど関わってこなかった。ここにきて初めてこれらのものが、人の生き死にに深く関わり始めたのではないかと思います。実は、デザインに何が出来るのか、出来ることはたくさんあるはずです。これまで、デザインとはそういうものではなくて、出来るだけ売れる商品を格好良くどうやってつくるかというシナリオでやってきました。建築だってそうです。雑誌の誌面をどのように飾るかということが、やはり建築家の頭の中にあったわけです。それは人の生き死にとは関係なかった。やはりこれからは、それが厳しく問われるのではないかと思います。実際にいろいろな建築家が被災地に入って活動されているなかで、地元の人と心が通じ合うという局面をいくつも目にしてきました。建築をやることの本当の喜びというのは、そこにあるはずです。そこにデザインの力もあるのだと思えた時に、わたしたちは元気になるというか、逆に被災地から励まされることになるのではないかと思います。

「終わりなき未完成を生きる」というのが、最近気になっていることです。実は、日本都市計画学会の六〇周年の記念講演会で、わたしと磯崎新さんで対談したのですが、そこでこの言葉を掲げました。人間は弱いので、つい完成形を思い浮かべてしまいます。ゴールのテープを切るような格好で「こういう街にしましょう」という、ある種のユートピアを描きます。しかし、都市の本質というのはそうではないのではないか、都市がもし生命を持つならば、そこには終わりがない、完成もないと思えるかどうか、ということを発言しました。実は建築もそうなんです。建築もゴールのテープを切るような感じで、建物の完成にこぎつけます。建築をつくるためには、たくさんの障害を乗り越え、たくさんのことを処理しないと完成にこぎつけないわけですから、その気持ちもわからないではないのですが、実は完成というのはなくて、いつも未完成だというような価値がつくれないかと思っています。あらゆることがプロセスであるような建築のあり方がないだろうかと。建築というものがもし生命体のように生きているのであれば、建築というものはつねに未完成である、終わりなき未完成がずっと続いていくという考え方がないだろうか、と考えています。街づくりも同じように、完成形ではなくて常に未完成で、それに対して人間が行為を加えるという考え方がないだろうか、というように思います。これが良いかどうかは分かりませんが、「重ね合わせ」たり、「時間をつむぐ」という方法があるのではないか。ずっと重ね合わせていき、つむいでいくというような建築や都市のビジョンはないかと思っています。

青森で江戸時代から「ぼろ」と呼ばれる衣類があって、農山漁村で数世代にわたって布の端切れを重ねて、分厚い冬の着物をつくって使ってきたという伝統があります。これは田中忠三郎さんという方がそれらを集めて「ＢＯＲＯコレクション」として浅草で常設展示されています。要するに、切れ端を取っておいて、それをつむいでいく。これがものすごく美しいのです。「あ、これは時間が堆積している姿だ、確かにぼろだけど、ものすごく美しい」と。この「ＢＯＲＯ」のような都市や建築のつくり方がもし可能であるとすれば、それは一つの理想形ではないかと思っています。

### 空間価値から時間価値へ

「空間価値から時間価値へ」ということを提案したい。先ほどからお見せしているいくつかのテーゼがありますが、これらはすべて近代社会や資本主義経済に反することとです。新しい価値を生み出すとすれば、こういう方向かなと考えて、いくつかの方向をみなさんに投げかけてお話ししているわけですけれど、大きく言うと「空間価値から時間価値へ」シフトしてはどうか、ということです。ちょっと抽象的すぎて難しいとは思いますが、たとえばこういうことです。小学校のころに国勢調査というものがあって「あなたの家は何ＬＤＫですか？」と聞かれました。要するにスペースの話です。たとえば部屋数がいくつで、リビングが何畳で、寝室が何畳でと、大きさの話で、豊かさの話ではない。わたしは二〇世紀は限りなく空間占有の夢を追った世紀だと思います。つまり、どのぐらい大きい場所が手に入るかということです。それは建築もそうだし、都市は山野を切り拓いて出来るだけ大きな場所を確保しようとしたし、埋立てをして都市のスペースを増やし、果ては、国家は出来るだけ領土を広げようとしてきたわけです。都市部では出来るだけ床面積を増やそうと超高層が出現してくる。これらは空間占有をどのくらい増やせるかという妄想ですが、それが二〇世紀だったと言える。

そうした空間価値をゼロにとは言わないけれど、時間価値ということをもう少し考えてはどうかと言いたいわけです。それは大きさではなく、どのくらい豊かな時間がそこに生み出せたかということのほうが、空間の広さより、あるいはゴージャスな空間より大事だと思いたい。これは経済原理になかなかのらないので、これで商売しようと思ったら難しいかもしれない。しかし、わたしは立派な住宅やマンションではなくて、どれくらい豊かな時間がそこで生み出せるのかということを問題にすべきじゃないか。そこからデザインの意味や建築の意味というものを今一度問い直してみる、というのはどうだろうかと提案したいのです。都市計画の場合も、立派な都市なんかいらない、立派な都市よりは豊かな都市をと考える。復興も同じように考えたい。豊かさというのは、別に経済的な豊かさではなくて、心の豊かさをどうしたら生み出せるかということです。わたしは、デザインも建築も都市も土木も、このことにもう一度真剣に向き合うべきだと思っています。それこそが形のない「ＨＯＭＥ」なのではないか。建築に携わってきて、ひょっとしたら、これまで恥ずべきことをやってきたのかもしれない。人の心に触れるような、本当に豊かなものを生み出せてきたかどうか、総点検をする時期にきているのではないかと思います。

世の中大きく変わりつつある。ここで変わらなければ、変われなければアウトです、退場だと思います。このことは若い人がいちばんよくわかっている。東京大学でも近年、建築学科の希望者が減っています。つまり、建築に希望が見出せなくなっている。それは今活躍している建築家の責任もあって、本当の意味でどう応えるかということを提示出来ていないからじゃないかと思います。新しい価値を提示出来ていないので、若い人たちはそこに希望を見出せなくなっている。当然のことながらわたしたち一人ひとりが責任を負っている。

被災地に身をさらすと、実に多くのことを教わっている気がします。被災地の何もなくなったところに立っていると「あぁそうか」と気付かせてくれることがたくさんあります。被災地の方々とお話をさせていただくと、わたしたちがいかに足りなかったかということを教えてもらっているような気持ちになります。おそらく、彼らは立派な都市や立派な建築ではなくて「HOME」足り得るかと問いかけているのです。「HOME」足り得るかと問いかけられた時に、わたしたちはどう答えられるか、ということです。そこのところに来ている。おそらく建築、都市、土木、インダストリアルデザイン、それから国家の形まで含めて、大きな変曲点に来ている。そのことに敏感でない人は、あるいは敏感でない企業は、多分退場を迫られるのであろうと思います。

# あとがき

ある日の朝、混んだ電車を降りようとしたら、出口のあたりでノロノロしている若者がいる。この若者も降りようとしているのだが、動作が異様に緩慢で人の流れを押しとどめている。すでにホームのアラームが鳴っているが、耳にはイヤホーン、みんな迷惑顔だ。見れば視線は手元のスマホに注がれている。彼にとっては手元以外の周囲の世界が限りなく希薄になっているように見える。

ようやくプラットホームに出て駅の通路を行くと、向かいから歩いてきた女性におもいきりぶつかった。普通ならお互いによけ合ってすれ違えるはずだが、こちらは半身でかわそうとしたが向こうはよけない。見れば目線は手元のスマホに向けられている。あんたなにやってんのよ、とでも言いたげな顔をして早足で歩き去る。スマホに目をやりながら。

彼らの周りからは、現実が遠のいている。

人間が大地に立っている、というのはもはや幻想でしかないのかもしれない。スマホを見ながらフラフラと歩いている若者は、もはや大地を踏みしめてはいない。浮遊しているかのようだ。彼らは「心奪われている」のではあるまい。「心ここにあらず」なのだ。目と手先に神経が集中して、それを通してバーチャルな仮想空間に意識が飛んでしまっている。

所詮、建築は人の身体を相手にしている。「心ここにあらず」の人にとっては邪魔な存在でしかない。それがよかろうと悪かろうと、どうでもいいはずだ。目に映らないばかりか鬱陶しい存在のはずだ。建築も都市も眼前に存在しながらも縛られたくないモノとして意識から排除されていく。

情報革命はしばらくは止まらない。この流れは加速していくだろう。あと十年もすれば、スマホなんてありましたよね、と懐かしく思い出すようになるはずだ。そのころはサングラスのようなウェアラブル端末になっている可能性が高い。サングラスのなかの画像を見ながら、ブツブツと何かを呟きながら歩く人が都市を闊歩しているだろう。そのサングラスの視野には、眼前のリアルな風景とバーチャルな仮想空間が重なり合った風景が見えているに違いない。その時、心はどちらにも向いているはずだ。これは次なる未知の世界。今のスマホは「あれかこれか」、つまりリアルかバーチャルかの二者択一だが、そのころは「あれもこれも」になっているはずだ。

身体はどんどん置き去りにされていく。情報で腫れ上がって肥大した脳が、疲れ切った体を引きずりながらゾンビみたいに都会を徘徊しているだろう。「場のちから」は人の心の中に立ち現れ、身体を満たしていくものだから、同じようにそれもゾンビ化していくのかもしれない。建築も「場のちから」を前提に、さらには生身の身体を前提にしているから、おなじようにゾンビ化していくのかもしれない。ゾンビ建築の時代。建築雑誌に目を凝らせば、既にそれは始まっているような気配もある。これまでバーチャル空間はリアル空間を真似しようとしてきた。ところが今や、バーチャルなゲーム空間に慣れ親しんだ若者による、バーチャル空間からリアルな現実空間への引用が始まっている。これはこれまでの流れとは反対の流れだ。

そんなことを思い浮かべると、この流れに反旗を翻したくなる。スマホのにいちゃんやねえちゃんを立ち止まらせるだけの強い空間を創ってやろうじゃないか、バーチャルでは絶対に経験できない刺激的な空間を創ろうではないか、と言いたくなる。負け戦かもしれない。それは三・一一でも新国立競技場問題でも同じだ。負け戦には慣れている。建築が依るべき城、たて籠もるに足る砦は、「場のちから」にしかないのだから、そこを戦場にすることにしよう。その気分がこの本の文字を書かせている。

書き散らした文章を掻き集めてくると、それはそれで特有のメッセージを帯びているのが分かる。いつもながらの編集者の山岸さんの手際である。ひとつひとつの文章の裏にあるわたしの無意識があぶり出される。それはわたし自身にとっても貴重な発見であり、次のステップへの足掛かりともなる。

文章の順序や組み合わせは編集者が決めた。「場のちから」という表題も編集者が決めた。だからこの本は、個別の文章の内容はわたし自身の責任だが、全体としては編集者との共作といえる。反省することも多々ある。言い方をもっとうまくすればよかったところもあるし、書き直したい内容もある。多少の語句の修正は校正に当たった事務所の小田切美和と伊藤美智子がしてくれたが、編集者は原則として内容や文脈の修正を許してくれない。書いた時点で勝負はついている、という信念を持っているらしい。

全体を見渡してみて、やはり通奏低音として流れているのは「場のちから」ということなのだろう。先にも述べたように、それはわたし自身が、「場のちから」が失われつつあると強く感じているからに違いない。しばらく前までは、「場のちから」の上に暮らしが成り立っていた。「場のちから」を土台に農業が成り立ち、林業が成り立ち、漁業が成り立っていた。そうした一次産業が遠のくにしたがって、「場のちから」は消長の一途を辿ってきた。

それが三・一一で復活した、と思った。やはり人は大地の上に生きているのだ、と誰もが再認識したはずだ、とも思った。ところがそれは一時のことで、復興が進むにつれて瞬く間に消えてなくなっていった。これは復興の在り方そのものの本質的な問題でもある。

ため息とともに寒空に輝く月を眺める。いずれ世の中は置き忘れた身体に帰ってくるだろう。そのとき、失ったものの大きさにようやく気付くのかもしれない。手遅れにならなければ良いが。「場のちから」が生み出した建築、果たしてそんなことが可能なのだろうか。もしそんな奇跡が可能なら、そのとき、一期一会の浮き世を生きる気持ちが体の芯から蘇ってくるだろう。それをもうしばらく信じて戦ってみたい。

書き上げて最終校正の最中、ザハ・ハディドの訃報が舞い込んできた。とても複雑な思いだ。建築の新たな地平を切り拓こうとしていた戦士がひとり去った、という気持ちだ。いずれ歴史が何かを語るだろう。こころからご冥福を祈りたい。

二〇一六年四月

内藤　廣

# 初出一覧

建築という価値の行方＊書下ろし
風景の消滅と再生＊「アーハウス」2010.7
都市はだれのものか＊「新都市」2009.3
都市の魅力　対談　石元泰博＊「季刊アプローチ」2005.3
踏石とアキカン＊石元泰博『桂離宮』六耀社 2010.10
言葉なき対話のかけらを探して＊『内藤廣＋石元泰博　空間との対話』ADP2013.4
デザインに何が可能か＊「新建築」2009.4
まだ見ぬ二一世紀デザインを待ちながら＊「GOOD DESIGN」2009-10
鉄道の時間・街の時間・設計の時間＊「新建築」2009.9
川のある駅＊「鉄道建築ニュース」2012.2
「待つ」という意識＊「新建築」2010.1
建築的力の行使について＊「GA JAPAN」106 2010.9-10
建築に感情を取り戻すために＊「GA JAPAN」107 2010.11-12
二一世紀へ建築家が紡ぐべき「新たな物語り」＊「住宅建築」2010.2
奮い立たせる砦となれ＊「未来に生きる赤須賀」2010.5
善良な負け組のススメ＊「建築ジャーナル」2010.12
思考なき思考　吉阪隆正＊『建築論事典』彰国社 2008.9
建築・言語なき思想としての表現＊「思想」2011.5
性悪説の街づくり＊「都市＋デザイン」28号 2009.11
病院建築について思うこと＊鎌倉医師会誌「神庫」2011.3
「あるべき場所」を作ってきたか＊「美連協ニュース」2010.5
不均質なものの詩学＊「住宅建築」2009.3
終わりのない都市の物語＊『北沢猛追悼集』2010.6
時代と間合い＊『伊藤鄭爾先生を偲ぶ会』2010.5
おおいなる矛盾を生ききった人＊「住宅建築」2012.2
温かな諦念の人＊『建築家　花田勝敬想い出集』2012.2
戦後半世紀を体現した建築家＊「新建築」2012.2
立ち向かえ、勇気を持て、必死に考えろ＊「住宅建築」2010.3
HOMEを探して＊「第六回三協立山アルミ建築フォーラム」2012.2.24

内藤　廣（ないとう　ひろし）

1950年横浜生まれ。74年早稲田大学理工学部建築学科卒業。74－76年同大学院にて吉阪隆正に師事、修士課程修了。76－78年フェルナンド・イゲーラス建築設計事務所勤務（マドリッド）。79－81年菊竹清訓建築設計事務所勤務。81年内藤廣建築設計事務所設立。2001年東京大学大学院工学系研究科社会基盤学専攻助教授。03－11年同大学大学院教授。10－11年同大学副学長。11年－同大学名誉教授。

著書　『素形の建築』（INAX出版）。『建築のはじまりに向かって』『建築のちから』『空間のちから』『構造デザイン講義』『環境デザイン講義』『形態デザイン講義』（王国社）。『建土築木1.2』『内藤廣と若者たち』（鹿島出版会）。『内藤廣の頭と手』（彰国社）。『NA建築家シリーズ03　内藤廣』（日経BP社）。『内藤廣の建築 1992－2004 素形から素景へ 1』『内藤廣の建築 2005－2013 素形から素景へ 2』（TOTO出版）。『内藤廣＋石元泰博　空間との対話』（ADP）。『内藤廣設計図面集』（オーム社）。『建築の難問　新しい凡庸さのために』（みすず書房）など。

建築作品　海の博物館（1992）、安曇野ちひろ美術館（1997）、十日町情報館（1999）、牧野富太郎記念館（1999）、倫理研究所富士高原研修所（2001）、島根県芸術文化センター（2005）、日向市駅（2008）、高知駅（2009）、虎屋京都店（2009）、旭川駅（2011）、九州大学椎木講堂（2014）、静岡県草薙総合運動場体育館（2015）、安曇野市庁舎（2015）、富山県美術館（2017）、福井県年縞博物館（2018）、とらや赤坂店（2018）、高田松原津波復興祈念公園　国営追悼・祈念施設（2019）、東京メトロ銀座線渋谷駅（2020）、京都鳩居堂（2021）、紀尾井清堂（2021）など。

場のちから

2016年 7月10日　初版発行
2022年11月30日　2刷発行

著　者――内藤　廣　
発行者――山岸久夫
発行所――王 国 社
〒270-0002 千葉県松戸市平賀152-8
tel 047(347)0952　fax 047(347)0954
https://www.okokusha.com
印刷　三美印刷　製本　小泉製本
写真・図版――内藤廣建築設計事務所
装幀・構成――水野哲也（Watermark）

ISBN 978-4-86073-062-8 *Printed in Japan*

王国社の建築書

| | | | |
|---|---|---|---|
| 構造デザイン講義 | 内藤廣 | 建築と土木に通底するもの。東京大学における講義集成。 | 1900 |
| 環境デザイン講義 | 内藤廣 | 東京大学講義集成第二弾―環境を身体経験から捉える。 | 1900 |
| 形態デザイン講義 | 内藤廣 | 東京大学講義集成第三弾―使われ続ける形態とは何か。 | 1900 |
| 建築のはじまりに向かって | 内藤廣 | 時間と共生する建築をめざして―建築家の持続的試み。 | 1900 |
| 建築のちから | 内藤廣 | いま基本に立ち戻り建築に何が可能かを問う渾身の書。 | 1900 |
| 空間のちから | 内藤廣 | 空間とは、和解の場である。空間に淀む空気の質を作る。 | 1900 |
| 景観デザインの誕生 | 篠原修 | 学問と人間が織りなす創造的な場から生まれた新領域。 | 1900 |
| 景観デザインは景観のデザインたりえたか | 篠原修 | 橋、川、ダム、駅、街など手がけたデザインを検証。 | 2000 |

数字は本体価格です。